MORT D'UN VOYAGEUR

DIDIER FASSIN

MORT D'UN VOYAGEUR

Une contre-enquête

ÉDITIONS DU SEUIL
*57, rue Gaston-Tessier, Paris XIXe*

Cet ouvrage est publié dans la collection
« La couleur des idées »

ISBN 978-2-02-145077-4

www.seuil.com

Pour la sœur d'Angelo, pour ses parents,
et pour celles et ceux qui œuvrent
au nom de la vérité et de la justice
quand les forces de l'ordre blessent ou tuent

La vérité est un miroir tombé de la main de Dieu et qui s'est brisé. Chacun en ramasse un fragment et dit que toute la vérité s'y trouve.

Djalâl al-Dîn Muhammad Rûmi

Plus notre état affectif entre en jeu vis-à-vis d'une chose, plus nous avons d'yeux, d'yeux différents pour cette chose, et plus sera complète notre « notion » de cette chose, notre « objectivité ».

Friedrich Nietzsche

Avertissement

Ce livre a un statut singulier. Il ne résulte pas d'une enquête traditionnelle de sciences sociales. Il est une contre-enquête. J'en explique la genèse dans le prologue. Il tente d'éclairer la mort d'un homme à travers les récits qu'en ont faits ceux qui l'ont tué ainsi que celles et ceux qui ont été des témoins plus ou moins directs du drame. Il essaie également d'analyser la manière dont la justice a traité cette affaire jusqu'à prononcer un non-lieu qui a innocenté les auteurs des tirs mortels au titre de la légitime défense. Entre ces deux moments, il insère une relation des réactions de la famille du défunt et une reconstitution de l'histoire de la victime. J'ai présenté le plus fidèlement possible les récits des principaux protagonistes, recourant pour ce faire à une écriture subjective à la troisième personne. J'ai en revanche examiné l'activité de la justice à travers un filtre critique de manière à montrer comment très tôt des choix avaient été faits entre des versions inconciliables, au prix de décisions problématiques. Sur la base d'un réexamen des récits et du dossier, j'ai alors proposé une autre version des faits permettant d'intégrer les contradictions, les divergences et les discordances qui demeuraient dans l'interprétation des juges. Il s'est donc agi, autour de cette affaire tragique, de mettre en place un dispositif expérimental d'écriture qui fasse droit aux différentes perspectives, ce qu'exprime la citation de Djalâl al-Dîn Muhammad Rûmi placée en exergue, tout en assumant in fine la mienne, au terme d'une recherche qui trouve son inspiration dans l'épigraphe de Friedrich Nietzsche. L'approche inhabituelle adoptée soulève un double questionnement.

Tout d'abord, peut-on dire que je prends parti ? C'est un reproche volontiers fait aux sociologues et aux anthropologues, souvent suspectés de se placer du côté des dominés. L'observation n'est pas entièrement infondée et il n'y a du reste jamais d'impartialité totale. Mais il faut pourtant ici inverser le raisonnement. Dès lors que les magistrats ont, eux, d'emblée accepté une version des événements et rejeté l'autre, le simple fait d'accorder, comme je le fais, le même mérite aux deux et donc de rétablir l'équilibre entre les crédibilités tend à être vu comme un manquement à l'impartialité, alors qu'au contraire il témoigne d'un effort pour la restaurer. À cet égard, je montre dans les développements consacrés aux conditions de production de la vérité et du mensonge dans les affaires judiciaires combien le cas que j'étudie n'est pas une anomalie. Il n'est pas l'exception, mais la règle. Il ne relève pas d'un dysfonctionnement de la justice, mais de son fonctionnement normal, qui doit être analysé en tant que tel, pour comprendre les logiques qui prévalent dans le traitement de ces dossiers.

Ensuite, s'agit-il encore d'un ouvrage de sciences sociales ? J'admets qu'il n'obéit pas aux canons de ces disciplines. La relation subjective des faits appartient au genre littéraire, la conduite de l'investigation rappelle une certaine pratique journalistique et la reconstitution de l'instruction évoque sans nul doute la forme judiciaire. Ces rapprochements me semblent fondés et nullement indignes. Mais je revendique ici le respect de certains principes fondamentaux des sciences sociales, à savoir une recherche empirique s'appuyant sur un travail de terrain complété par une étude documentaire, une attention égale donnée aux paroles de toutes les personnes concernées, le souci de soumettre l'ensemble des éléments disponibles à un examen critique, la volonté de dépasser le fait divers pour dévoiler la généralité de processus sociaux, et même la prise en compte de la présence du chercheur que j'ai choisi de présenter dès le départ comme un protagoniste parmi les autres.

Bien que l'information judiciaire soit depuis longtemps terminée et que l'ordonnance de non-lieu ait été confirmée en appel, il est possible que, lorsque le livre sera publié, le dossier ne soit pas clos au niveau interne si le pourvoi est jugé recevable par la Cour de cassation, ou bien au niveau externe si une saisine a été effectuée auprès de la Cour européenne des droits de l'homme. La manière dont je l'ai écrit, en restituant honnêtement les points de vue des principaux protagonistes, puis en analysant rigoureusement l'ensemble des éléments du dossier judiciaire pour proposer un récit des événements différent de celui des magistrats, tient compte de cette éventualité.

Prologue

> Il m'est apparu que le juge d'instruction n'avait pas déchiffré le problème qui est à la base de cette affaire, et il m'a semblé qu'il serait peut-être intéressant que j'apporte ici l'information qui résulte du déchiffrage que j'en ai fait.
>
> Fernando Pessoa, *L'Affaire Vargas*

Le sociologue reçoit un jour un message électronique envoyé par un collectif qui s'est formé pour obtenir justice à la suite du décès d'un voyageur. Il n'en a jamais entendu parler. Il ne connaît pas les trois signataires, trois femmes. Elles lui racontent succinctement la fin tragique d'un homme de trente-sept ans, qui est le frère de l'une d'elles. Il a été tué par des gendarmes du GIGN venus l'interpeller alors qu'il était considéré comme en situation d'évasion pour ne pas avoir réintégré sa prison au terme d'une permission de sortir. Les trois femmes indiquent à leur interlocuteur qu'elles ont lu certains de ses ouvrages, et elles le sollicitent pour participer à une conférence-débat destinée à en finir avec la violence d'État, selon les termes de leur communiqué. Remué par l'histoire de cet homme, sensible à la démarche du collectif, et perplexe face à l'invraisemblance de la version officielle des faits, tous éléments qui font écho à d'autres affaires auxquelles il s'est intéressé, le sociologue leur répond néanmoins que, étant à l'étranger, il doit malheureusement décliner leur invitation. Quelques instants plus tard, il leur adresse cependant un post-scriptum leur proposant de rédiger un court texte qu'elles pourraient, si elles le souhaitent, lire lors de la rencontre. Elles acceptent avec chaleur. Il leur envoie donc quelques pages développant une réflexion sur le dispositif répressif, l'appareil pénal et le système carcéral français dont l'évolution récente conduit à des drames comme celui dans lequel l'homme a trouvé la mort. Ce tragique événement se situe en effet au croisement d'enquêtes ethnographiques qu'il a conduites depuis une quinzaine d'années sur la police, la justice et la prison. Dans un bref message, la sœur du défunt lui écrit qu'elle a été touchée en découvrant le texte tant elle ressent depuis la mort de son frère le besoin de dire ces choses dont elle sait que, venant de la bouche de voyageurs, elles sont inaudibles. Elle ajoute qu'elle en a fait la lecture à son père, qui a lui-même eu, dès l'âge de treize ans, l'expérience de l'incarcération et qui, après l'avoir écoutée avec attention, lui a dit qu'il en approuvait la teneur. La communication est donc intégrée au programme de l'événement. Une version légèrement remaniée paraît quelques semaines plus tard lors du premier anniversaire du drame, sous la forme d'une tribune dans un quotidien national.

Dans les mois qui suivent, les communiqués régulièrement publiés par le collectif sont adressés au sociologue. Il est ainsi informé aussi bien de l'évolution du dossier judiciaire, avec les espoirs éveillés par la mise en examen des auteurs des tirs puis déçus par l'ordonnance de non-lieu, que de la réalisation de marches de commémoration et de soutien, dans la ville-préfecture voisine comme dans d'autres lieux où de semblables drames se sont produits. Après plusieurs échanges de courriers, il finit par rencontrer dans leur village la sœur du voyageur ainsi que plusieurs membres de sa famille, dont ses parents. Passant la journée avec eux, il constate la blessure encore ouverte, la colère à l'encontre d'une justice qui ne les a pas écoutés, le deuil qui ne se fera pas tant que leur parole n'aura pas été entendue. Naît alors le projet d'un livre qui ferait droit à leur version du drame qu'ils ont vécu et vivent encore. La proposition est encore floue, le projet incertain. Il le leur dit. Ils en acceptent pourtant sans hésiter le principe. Il leur explique aussi qu'il ne pourra s'agir simplement de reproduire leur vision des choses et qu'il va lui falloir intégrer d'autres perspectives que les leurs. Ils lui déclarent le comprendre et y consentent. Il leur mentionne encore ses scrupules de les interroger sur des moments si douloureux et de les amener à revivre ce passé traumatique. On souffre d'en parler, répondent-ils, mais ça nous fait du bien quand même. De toute façon, entre nous, on en parle tous les jours. Tous les jours, on en parle. Quelques semaines plus tard, le sociologue écrit à la famille pour annoncer que son éditeur se propose de publier le livre. La nouvelle nous parvient en un jour si particulier pour nous, lui répond la sœur du voyageur. Il aurait eu quarante ans aujourd'hui.

Commence alors une enquête, ou plutôt une contre-enquête, qui amène le sociologue à suspendre pendant plusieurs mois tous les travaux qu'il avait entrepris. C'est que ce drame et l'affaire judiciaire qui s'y rattache s'imposent à lui avec une force saisissante. Une sorte d'urgence éthique qui ne peut être remise à plus tard. Au fond, cette histoire n'est-elle pas la tragique illustration de ce qui fait la matière de ses deux livres précédents : la volonté de punir et l'inégalité des vies ? Il lui faut examiner à nouveaux frais les circonstances de la mort et la procédure de justice pour comprendre ce qui s'y est joué à la fois de particulier et de générique. Il réalise donc douze entretiens avec celles et ceux qui en sont les protagonistes en indiquant à chacun clairement son projet de façon à éviter toute méprise. Les membres de la famille et les personnes impliquées de près ou de loin dans le drame et ses suites acceptent volontiers, tout comme les magistrats et les avocats, à une exception près. Des contacts répétés avec les gendarmes, au niveau individuel comme institutionnel, tant localement que nationalement, demeurent en revanche infructueux, de même que le sont des requêtes itératives auprès de certains témoins indirects, tel le médecin urgentiste, ou acteurs éloignés, tels les journalistes. Grâce notamment à la diligence de la famille et du ministère public, des documents sont rassemblés, les cinq mémoires manuscrits des proches rédigés juste après les faits, les vingt-sept procès-verbaux d'auditions, les rapports d'autopsie, de balistique, de toxicologie, de police technique, de remise en situation, d'examen des armes et de transport sur les lieux, les réquisitions du parquet et réponses des conseils, l'ordonnance de non-lieu et sa confirmation en appel, les quatorze communiqués du comité de soutien, et les vingt-huit articles de journaux de la presse régionale. Les pièces du puzzle prennent place peu à peu. Des trous demeurent cependant, en raison de questions non posées par les enquêteurs, de contradictions non levées lors de l'instruction, d'indéterminations et d'approximations dans les différentes versions des faits, de silences ou de refus opposés à des entretiens. Ainsi se constitue un matériau riche mais lacunaire, dans lequel un procès-verbal d'audition de témoin peut combler partiellement l'entretien correspondant qui fait défaut.

Le propos n'est toutefois pas de substituer à l'autorité de la chose dite par le juge l'autorité de la chose écrite par le sociologue. Il s'agit d'abord de faire droit à toutes les versions des faits, puis d'élaborer sur la base de l'ensemble des éléments recueillis une interprétation plausible qui soit indépendante de l'ordonnance de règlement de l'instruction judiciaire. On s'est depuis longtemps penché sur les relations entre le travail du juge et le travail de l'historien, soit pour en montrer les similitudes, soit au contraire pour mettre en garde contre une historiographie qui se ferait le procureur ou l'avocat de personnages ou de faits. Il est même arrivé que des historiens réexaminent à nouveaux frais des décisions de justice sur des cas qui leur étaient contemporains. Dans le cas présent, quelque chose se joue d'un possible dialogue entre le juge et l'ethnographe au cours duquel celui-ci s'autorise d'un questionnement de l'interprétation de celui-là. Une forme originale doit donc être expérimentée pour produire des récits qui serrent au plus près les faits tels qu'ils se dessinent au fil des entretiens, des auditions, des observations sur le terrain et de l'assemblage des autres traces documentaires, mais qui les inscrivent dans des descriptions et des narrations à travers un processus de recréation. La composition du texte s'apparente ainsi à une sorte d'opération de jointoiement de briques de données empiriquement établies à l'aide du ciment de l'imagination et du raisonnement, aboutissant à une structure insolite de ce qu'on pourrait appeler une réalité augmentée, qui, dans un premier temps, place le lecteur aussi près que possible de l'expérience des protagonistes et, dans un second temps, l'associe au travail de contre-enquête mené par le sociologue.

Pour effectuer ce maçonnage, les faits doivent cependant être traqués jusque dans les moindres détails. La liberté créatrice est en quelque sorte contrainte par l'exigence de véridiction. Ainsi, lorsqu'il est écrit que l'adjudant pense qu'avec les gitans on ne sait jamais et qu'il croit que c'est son tir qui a tué, c'est que, lors de son audition, il affirme que les gens du voyage représentent pour eux un milieu défavorable et, plus loin, que c'est probablement lui qui est cause de la mort. Ou bien, lorsqu'il est noté que le père considère l'évacuation du gendarme comme une mise en scène pour le faire croire blessé et qu'il imagine que les tirs auraient pu faire exploser ses bonbonnes d'oxygène, transformant ainsi son fils en terroriste, ce sont des éléments présents dans l'un des entretiens. On pourrait multiplier les exemples presque ligne après ligne. De même, les termes employés reproduisent autant que possible les mots utilisés. Les gendarmes nomment leur victime la cible, l'objectif, l'individu ou l'homme, disent qu'ils l'ont neutralisée lorsqu'ils l'ont abattue, et recourent par euphémisme à l'expression « prendre en compte » quand ils plaquent et menottent son père ou son frère. La famille appelle la remise un cabouin ou une grange, les militaires des schmitts, des clistés ou des cagoulés, leurs armes des mitraillettes. Le procureur alterne, pour désigner les voyageurs, le substantif manouche et la formule gens du voyage. Mais il ne s'agit pas pour autant d'incorporer au texte les tics de langage, les erreurs de syntaxe, les maladresses d'expression qui disqualifieraient les locuteurs et distrairaient les lecteurs. D'où le refus des effets de réalisme des guillemets et des dialogues. Du reste, il ne faut pas perdre de vue que, si les entretiens permettent d'accéder précisément à la parole des interlocuteurs, les procès-verbaux d'audition ne sont pas des transcriptions intégrales, mais des résumés de ce que le greffier ou la greffière a entendu. Il ne sont donc pas une parfaite restitution.

Aucun nom propre de personnes ou même de lieux n'apparaît, aucune date non plus. Ce choix de l'anonymisation ne tient pas seulement à des considérations éthiques de protection des individus concernés ou juridiques de protection de l'auteur, l'une et l'autre au demeurant illusoires tant les moteurs de recherche permettent aujourd'hui d'identifier sans peine tous les détails d'un tel drame, mais surtout à la volonté de donner une signification plus large à cette mort, à ses conditions de possibilité, aux actions des forces de l'ordre, aux pratiques des magistrats, au combat de la famille. Toute spécifique que soit cette histoire, elle n'en révèle pas moins des traits fondamentaux des institutions répressives de l'État et du traitement punitif des voyageurs : elle n'est pas simplement un fait divers. Il est cependant une exception à cette anonymisation : le prénom du voyageur. Ne pas le laisser dans l'anonymat, c'est respecter la mémoire de celui qui est la seule victime des événements qui se sont produits un jour de début de printemps dans la ferme de ses parents. Trace fragile d'une vie trop brève. Lien intime par lequel, pour ses proches, il continue d'exister.

Le projet de rendre compte du drame dans sa complexité s'est toutefois rapidement heurté à un dilemme majeur concernant ses différentes versions. Ce dilemme tient à la difficulté de le raconter de manière symétrique. En effet, les récits, écrits en adoptant à chaque fois un point de vue subjectif, visent à restituer la façon dont chacun a vécu la scène, ce qui l'a précédée et ce qui l'a suivie. Or, cette démarche conduit immanquablement à présenter des expériences dont certaines ont été vécues et d'autres falsifiées. Car, quelle que soit l'idée que l'on ait de qui dit la vérité, les deux versions présentées, celle de la famille et celle des gendarmes, ne sont pas conciliables. L'une d'elles au moins est erronée et même, éventuellement, mensongère. Pour être au plus près des subjectivités, il faudrait donc, dans ce cas, raconter des expériences telles qu'on pense qu'elles ont été réellement vécues, en incluant la conscience de la tromperie, même si elles diffèrent totalement de ce que les personnes en ont dit lors d'entretiens ou d'auditions. Ce qui reviendrait alors à ne plus respecter les récits des protagonistes en introduisant a priori la perspective d'un observateur extérieur supposé connaître et dire le vrai. Ce dilemme n'est pas à proprement parler moral, au sens où il supposerait de choisir le camp de ce qu'on pense être la vérité, pour autant qu'un camp la détienne. Il est simplement logique, résidant dans le fait de devoir restituer une scène comme si la personne l'avait effectivement vécue ainsi qu'elle la raconte, alors même qu'elle mystifie possiblement ses auditeurs. Et ce sans pouvoir et sans vouloir déterminer a priori lesquels des protagonistes sont sincères.

La voie choisie pour sortir de ce dilemme est la suivante. Dans un premier temps, le sociologue a considéré que tous les protagonistes disaient la vérité et il a donc adopté leur point de vue à partir des versions qu'ils ont livrées. Les récits parallèles du premier adjudant et du père, du second adjudant et de la mère, tels qu'ils sont restitués, s'appuient scrupuleusement sur les informations que chacun a données pour vraies. Il en résulte bien sûr des histoires strictement incompatibles. Entre elles, la justice a tranché. Le procureur de la République, dans ses réquisitions, et la juge d'instruction, dans son ordonnance de non-lieu, ont donné raison aux gendarmes et tort à la famille. On pourrait s'en tenir là, et c'est bien ce qui se passe presque toujours. Mais on peut aussi prendre en considération le fait que, dans le monde judiciaire, tous les individus ne sont pas traités sur un pied d'égalité et que toutes les paroles ne bénéficient pas du même crédit, particulièrement lorsque sont mis en cause des agents des forces de l'ordre et aussi lorsque les plaignants ou les accusés sont des voyageurs. Dans un second temps, le sociologue a par conséquent essayé de réexaminer les différentes versions, cette fois pour déterminer s'il y avait des raisons de penser que les unes présentaient des gages de consistance plus sûrs que les autres. Il a d'abord proposé une discussion générale des principes à l'œuvre dans la recherche de la vérité et la reconnaissance du mensonge. Il a ensuite analysé les différentes versions en les confrontant, d'une part, à leurs éventuelles contradictions et invraisemblances internes, et, d'autre part, à l'ensemble des éléments externes provenant d'autres témoignages, d'expertises et d'observations. De ce dispositif a résulté une autre lecture possible des faits.

En somme, l'intention initiale de traiter symétriquement les versions des gendarmes et de la famille en les respectant également n'a pas empêché ensuite de réaliser une dissection rigoureuse de l'argumentaire de la décision de justice et de proposer une version présentant des gages rationnels de vraisemblance. Si l'on osait un parallèle cinématographique, on dirait que le livre commence à la manière de *Rashõmon* et s'achève dans l'esprit de *Douze Hommes en colère*. Ce double dispositif n'est d'ailleurs pas étranger à la construction de son objet même, à savoir une affaire judiciaire. En effet, la justice produit d'abord des auditions, qui sont autant de versions des faits plus ou moins divergentes, puis une information, qui examine l'ensemble des pièces du dossier, enfin des conclusions, qui correspondent en l'occurrence au non-lieu. La démarche suivie par le sociologue, jusque dans la rédaction de son travail, obéit au fond à une logique similaire. D'où certains effets de répétition, qui traduisent la progression de la contre-enquête. On pourrait ici parler d'instruction sociologique qui se distingue de celle judiciaire par le fait qu'elle ne se limite pas à des individus mis en examen, mais élargit le questionnement aux conditions sociales de possibilité des événements en cause.

Les décisions qu'on prend dans les tribunaux reflètent, nombre de recherches en France et ailleurs l'ont établi, les rapports de pouvoir et les relations d'inégalité au sein de la société. Elles ont des implications non seulement sur la manière dont les uns sont condamnés et les autres épargnés, mais aussi sur la façon dont les mondes sociaux sont représentés, ici ceux des gendarmes et des voyageurs. Autrement dit, sur la production à la fois de la justice et de la vérité. Quand le sociologue s'est lancé dans ce projet, il savait qu'il ne pouvait évidemment pas agir sur la première, mais il pensait être en mesure de défaire le lien qu'elle noue avec la seconde en faisant de la vérité judiciaire la seule légitime. Sa contre-enquête pouvait exposer une autre lecture des faits. Il ne s'agissait pas d'adopter le point de vue des vaincus contre celui des vainqueurs, comme l'expriment parfois les historiens, autrement dit de considérer que la version de la famille était plus véridique que la version des gendarmes, qui était aussi celle des juges, mais de produire un récit indépendant de tout lien institutionnel, de toute affinité professionnelle et, autant que possible, de tout préjugé. Il fallait que ce récit découle seulement de l'application d'un double principe : toutes les voix méritent la même attention et les conclusions doivent procéder de la seule confrontation des éléments disponibles interprétés dans leur contexte.

C'est ce double principe que, la famille en était convaincue, les magistrats n'avaient pas respecté. Car l'enjeu de son combat était moins de faire condamner les gendarmes auteurs des tirs mortels, même si elle estimait qu'ils devaient être sanctionnés à la mesure de ce qu'elle considérait être leur culpabilité, que d'obtenir enfin un récit qu'elle tiendrait pour vrai sur les conditions de la mort de leur fils ou frère. Un récit qui, selon elle, permettrait de questionner les modalités d'intervention des forces de l'ordre, le fonctionnement de l'appareil pénal, le contexte politique de répression et les représentations sociales qui, conjointement, avaient rendu possible sa fin tragique.

Mais pour le sociologue, s'il y avait un sens à s'engager dans ce travail, il dépassait la seule critique des pratiques punitives à laquelle il avait consacré ses travaux précédents. En s'attachant aux événements qui avaient conduit à la mort du voyageur, en accordant aux récits de ses proches la même valeur qu'aux récits des gendarmes, en établissant une version indépendante de celle de la justice, en laissant entrevoir ce qu'avait été son existence, certes tourmentée, mais si différente des portraits infamants qu'en faisaient le dossier judiciaire et les restitutions journalistiques, en l'arrachant à l'oubli et en le soustrayant aux stéréotypes, il pensait qu'il devait être possible de lui rendre, quel qu'ait été son passé délictueux, un peu de ce dont la société prive les voyageurs et qu'à travers son combat pour la justice et la vérité la famille n'a cessé de revendiquer : la respectabilité.

Il se mit à écrire.

I

Le père

Il est sur le pas de la porte de la maison lorsqu'il voit le portail s'ouvrir et les gendarmes vêtus de sombre, cagoulés, casqués et armés jusqu'aux dents faire irruption dans la cour. Il a juste le temps de dire à son fils assis dans le petit salon : Va te cacher, va te cacher, en lui montrant le cabouin. L'endroit, qui est une remise d'une vingtaine de mètres carrés dans le prolongement du chalet, lui sert de débarras. C'est là qu'il entrepose les objets qu'il récupère pour les vendre dans les brocantes. Bandes dessinées, vieux meubles, vélos, poussettes. Il y a aussi un climatiseur et un groupe électrogène. Angelo se glisse dans son dos, pénètre dans la pièce obscure et referme la porte derrière lui. Le père le voit disparaître, vêtu de son pantalon de jogging et de son tee-shirt de couleur.

Les hommes du GIGN envahissent la cour. Nombreux. Une quinzaine. Peut-être même plus. Ils vocifèrent des ordres. Le père voit l'un d'eux se ruer vers lui en criant qu'il doit se mettre à genoux mains sur la tête. Il refuse d'obtempérer. Il n'a jamais accepté de s'humilier devant les forces de l'ordre. Le gendarme le pousse vers le sol et le fait s'allonger sur le ventre. Il lui place les menottes dans le dos. Il braque la mitraillette sur sa tête. Bouge plus ou on tire. Son tuyau dans le nez, le père dit qu'il ne peut pas respirer. Il est malade, il lui faut son oxygène. Le gendarme ne veut rien entendre. Ta gueule. Dyspnéique, le vieil homme n'en continue pas moins de réclamer, de protester, de maudire. Il y a trois handicapés ici, s'indigne-t-il. Visiblement, sa déclaration n'émeut pas les militaires. Un peu plus loin, sa femme, malade, est agenouillée à même la terre, devant la caravane, auprès de leur belle-fille qu'un homme du GIGN vient d'amener en la tirant par le bras. Sur le côté de la maison, près du barbecue fumant, son fils cadet et son beau-frère sont, comme lui, aplatis sur le ciment par une botte qui leur pèse sur le dos. Postés à leurs côtés, des gendarmes pointent vers eux le canon de leur arme.

Les autres sont entrés dans les deux corps de bâtiment de la ferme où vit la famille. Quand les portes ne sont pas ouvertes, ils les fracassent d'un coup de pied. On entend les meubles renversés, les affaires qu'on jette à travers les pièces. Après les maisons, ce sont les caravanes qui sont ainsi fouillées. Au bout de plusieurs minutes de ce tapage, les militaires reviennent vers eux, visiblement dépités. Ils n'ont pas trouvé celui qu'ils cherchent. Où est-il ? Où est le fugitif ? tonnent-ils. Ses proches répondent qu'ils n'en savent rien. Qu'est-ce qu'ils croient ? Qu'on va le leur livrer ? Soudain, pourtant, le père réalise qu'il aurait certainement mieux fait de répondre, de leur dire qu'il était parti dans le bois. Ils auraient peut-être suivi cette fausse piste. Il regrette de ne pas en avoir eu la présence d'esprit. Mais il est trop tard pour corriger. De toute façon, les gendarmes viennent de se rassembler au milieu de la cour. Ils parlent entre eux à voix basse. Ils semblent se préparer à repartir. Si seulement.

Un bruit dans la remise. Angelo a dû faire tomber quelque chose. Sûrement, il croyait qu'il n'y avait plus personne et a voulu se déplacer. Un son amorti. Mais les gendarmes l'ont entendu. Deux d'entre eux s'avancent précautionneusement, suivis par trois autres. Ils ont leur mitraillette à la main. Le père se raidit sur le sol dur de la terrasse. Il voudrait lancer à son garçon : Rends-toi ! Mais il imagine que c'est ce qu'il va faire. Il ne va pas jouer au héros. Ce n'est pas son genre. Les militaires heurtent la porte du cabouin d'un coup sec. Ils entrent. Presque immédiatement, une salve. Ils vident leur chargeur. Puis un râle. Ensuite, plus rien. Son fils n'avait pas d'arme à feu. Ce ne peut pas être lui qui a tiré. Ce sont donc les gendarmes.

Sans un mot d'avertissement. Allongé à cinq mètres de l'entrée de la dépendance, le père en est certain. Il n'a rien entendu. Que les coups de feu. Suivis d'une brève plainte. Et le cri d'un gendarme, dans le jardin, qui court vers le cabanon : Cessez le feu ! Grenadez-le ! Maintenant c'est le silence. Oppressant. Qu'est-il arrivé à son garçon ? Pourquoi ne le font-ils pas sortir s'ils l'ont capturé ? Pourquoi ces allées et venues incessantes et ces intrigants chuchotements des gendarmes ? Pourquoi ne leur disent-ils rien ? Que leur cache-t-on ?

L'un d'entre eux apparaît dans l'embrasure du cabouin. Il tient dans ses mains un tissu couvert de sang. Le père pense reconnaître le maillot d'Angelo. Il éclate : Ils ont tué mon petit ! Un militaire lui ordonne de se taire. En entendant la terrible nouvelle, le frère, un peu plus loin, se redresse et hurle de désespoir. Un coup de pied dans les reins le projette vers le sol. La rangers du militaire le maintient immobile, la tête sous le barbecue. Il proteste bruyamment. En vain.

Une chose étrange se produit alors. Deux gendarmes sortent de la remise en portant péniblement un troisième, qui paraît inanimé, son uniforme souillé de poussière. Au passage, ils bousculent la table du déjeuner qui tombe lourdement sur le père. Ils ne semblent pas l'avoir fait exprès, mais ne s'en excusent pas. Ils amènent leur collègue au milieu de la cour, lui enlèvent son gilet et son casque, s'affairent un bref instant autour de lui. Le militaire, toujours cagoulé, se relève alors sans effort. Il semble plaisanter avec ses collègues. Le père se dit que tout ça ressemble à une mise en scène. On veut leur faire croire que le gendarme, blessé, a perdu connaissance.

Mais pourquoi ont-ils vidé leur chargeur sans chercher à arrêter son fils ? Il n'était pas armé, il en est sûr. Le fusil de chasse n'est pas dans la remise. Il avait bien un couteau dans sa poche, comme tous les voyageurs, mais ce n'est sûrement pas avec ça qu'il s'attaquerait à des hommes du GIGN. Une idée incongrue lui traverse l'esprit. Son obus d'oxygène. Il est quelque part dans la grange. Quand les gendarmes ont tiré dans l'obscurité, ils auraient pu le toucher et le faire exploser. Ils y seraient certainement tous restés. Après, on aurait dit que son garçon était porteur d'une bombe, qu'il était un terroriste. Cette pensée ne le fait pourtant pas sourire.

Bientôt, le ballet des intervenants commence. Sirènes, camions. Ce sont d'abord les pompiers puis le médecin. Qui viennent et repartent presque immédiatement. Sans Angelo. Mauvais présage. Même si on ne leur a toujours rien dit, le père est de plus en plus persuadé que son garçon a été tué. Abattu comme un chien. Il dira plus tard au procureur : assassiné. Leur mission achevée, les hommes du GIGN s'éloignent. Sans un mot d'explication ou d'excuse aux parents.

Ils laissent place, pour prendre la suite des opérations, à leurs collègues de la gendarmerie de la bourgade voisine. Ceux-là connaissent bien la famille. Ils ont déjà eu affaire à plusieurs de ses membres. Pour des délits, souvent mineurs. Les choses se sont toujours bien passées. Le père sait qu'avec eux on peut parler. Il essaie d'obtenir des informations sur ce qui s'est passé dans le cabouin. Les gendarmes disent qu'ils l'ignorent, qu'ils n'étaient pas en service, qu'on les a appelés seulement pour venir les surveiller. Ils ont l'air sincères. Eux, au moins, acceptent de le faire asseoir sur une chaise et de lui donner son oxygène. Ils conduisent ensuite les trois hommes, toujours entravés, ainsi que les deux femmes jusqu'au mur d'enceinte du jardin, sous le noyer. Là, ils les alignent. Pour les provoquer, le père leur dit qu'on se croirait en Allemagne pendant la guerre.

Au bout d'un long moment, deux enquêteurs en civil viennent lui demander de se présenter à la gendarmerie pour faire une déposition. Il refuse de partir tant qu'on ne leur aura pas donné des nouvelles de son fils. Plus tard, c'est le maire qui tente à son tour de le convaincre de venir faire sa déclaration devant l'officier de police judiciaire. Il lui fournit la même réponse. Finalement, le procureur de la République doit se déplacer. De guerre lasse, il accepte de partir avec sa famille, escortés par les gendarmes, jusqu'à la brigade de recherche de la ville-préfecture. Là, des officiers de police judiciaire les auditionnent. Sans égard pour le drame qu'ils viennent de vivre. Comme s'ils étaient eux-mêmes des suspects. On les prévient d'ailleurs qu'ils peuvent être considérés comme complices de l'évadé s'il s'avère qu'ils l'ont caché. Le père nie maladroitement avoir su que son fils était chez lui. Il explique qu'il l'avait récemment eu au téléphone et lui avait recommandé de retourner à la maison d'arrêt. Il voudrait parler de ce qui vient de se passer, de la manière dont ils ont été traités, de la succession des faits dans le cabouin, mais on continue de lui poser des questions sur son garçon, sa cavale, ses visites. Alors, il refuse de répondre et met fin à l'audition. On ne leur a toujours rien dit du sort d'Angelo. Ce n'est qu'après cette dernière épreuve que le procureur annonce aux parents ce qu'ils avaient depuis longtemps deviné : leur garçon est mort. Il les informe également qu'ils ne pourront rentrer à leur domicile que le lendemain soir de façon à laisser à l'enquête le temps de se dérouler. Il les autorise toutefois à retourner chez eux pour récupérer des affaires pour la nuit.

Sur le chemin du retour, les proches d'Angelo constatent que les forces de l'ordre ont massivement pris position sur les voies d'accès du village, et même au-delà. Pour éviter tout débordement, leur a dit le procureur. Arrivés à leur domicile, ils trouvent des gendarmes armés de mitraillettes montant la garde devant le portail, dans la cour, devant le cabanon, dont l'entrée est désormais occultée par un drap blanc. Des militaires les suivent à chacun de leurs pas. Maisons et caravanes sont sens dessus dessous. Des portes ont été arrachées, y compris celles d'une armoire de famille, qui pendent lamentablement. Difficile, dans le désordre, de trouver les bonbonnes d'oxygène. Ils tuent, enrage le père, et en plus ils se croient tout permis.

II

Le premier adjudant

Il sort de la caravane qu'il vient de fouiller seul. Sans résultat, comme les deux précédentes qu'il a inspectées. Dans la cour, trois hommes et deux femmes que ses collègues ont interpellés et qu'ils tiennent en respect. Les hommes, allongés, sont menottés. Agenouillées, les femmes, elles, n'ont pas d'entraves. Pas commodes, ces gens-là. Ça râle, ça se plaint, ça profère des injures. Tournant la tête, l'adjudant voit deux de ses collègues entrer dans une remise attenante au bâtiment principal du corps de ferme. Ils crient qu'ils ont découvert la cible.

Un individu en cavale appartenant à la communauté des gens du voyage. Dangereux, leur a-t-on dit lors des préparatifs de l'expédition. Peut-être détient-il une arme à feu. L'adjudant se souvient même qu'on a évoqué l'usage de drogues dures. De cocaïne en particulier. C'est ce risque potentiel qui a officiellement justifié qu'on fasse appel au GIGN, car au départ le Groupe d'observation et de surveillance chargé de suivre les déplacements de l'objectif était censé se charger de l'arrêter. Mais avec les gitans, on ne sait jamais. La cible a donc été repérée par géolocalisation. Ils ont été informés que l'homme était parti rendre visite à ses parents ce jour-là. La décision a dès lors été prise de l'interpeller à son domicile. Un plan des lieux leur a été projeté et un schéma de l'intervention leur a été présenté. Il consiste à surprendre la famille au moment du déjeuner. Huit militaires doivent investir les bâtiments, trois se charger des caravanes, trois autres se positionner au milieu de la cour, en appui, et quatre enfin se placer autour du petit mur d'enceinte, pour éviter un risque de fuite. Il y a aussi les officiers, qui resteront un peu en retrait. L'adjudant fait partie de l'équipe des caravanes. Comme ses collègues, il se protège avec un lourd gilet pare-balles et porte un casque à visière blindée. Il s'est muni d'un pistolet semi-automatique avec trois chargeurs de quinze cartouches chacun, ainsi que d'un fusil à pompe et d'un petit bélier pour procéder à une éventuelle effraction. Il dispose également de quatre grenades assourdissantes, d'une fumigène et d'une éclairante. La panoplie complète.

L'opération s'est déroulée comme prévu. Du moins au début. Un peu après midi, le commandant a eu la confirmation que le fugitif venait d'arriver chez ses parents. Les voies d'accès des environs ont été bloquées par les unités locales de gendarmerie. La petite propriété située au bout du village a été approchée discrètement. Les hommes du GIGN sont arrivés cachés à l'arrière d'un fourgon banalisé. Parvenus aux abords de la maison, ils ont été informés qu'une voiture dans laquelle se trouvait possiblement l'objectif était stationnée devant le portail. En la dépassant, le chauffeur a constaté que c'était bien le véhicule annoncé mais non l'individu recherché. Deux des militaires ont sauté pour interpeller l'adolescent assis à l'intérieur qui ne les a pas entendus venir à cause des écouteurs qu'il avait sur les oreilles. Tandis que d'autres se plaçaient aux quatre coins de la propriété, le reste du groupe s'est constitué en colonnes d'assaut prêtes à investir les lieux, chacune composée de trois militaires, le premier d'entre eux étant porteur d'un bouclier.

L'incursion dans la cour a produit l'effet de surprise escompté. Un gendarme a crié : Gendarmerie ! Tous à terre, mains sur la tête ! Plusieurs autres se sont précipités vers les personnes présentes dans la cour. Deux hommes autour d'un barbecue, un autre plus âgé devant le bâtiment principal, une femme près de la caravane, et aussi un enfant. Pendant ce temps, avec deux de ses collègues, l'adjudant a d'abord visité une sorte de hangar puis exploré deux caravanes. Personne. Ils ont ensuite été appelés dans l'un des bâtiments d'habitation. Toujours pas de traces de la cible. Quand l'adjudant est revenu vers le centre de la propriété, il a vu qu'il y avait maintenant une jeune femme parmi les adultes tenus en respect. Il est ensuite entré dans une troisième caravane. La fouille du petit espace ne lui a guère pris de temps. L'objectif ne s'y était pas caché non plus.

C'est en ressortant dans la cour qu'il aperçoit ses deux collègues qui pénètrent dans une petite dépendance et qu'il les entend annoncer leur découverte de la cible. Il s'élance à leur suite. À peine entré dans le local, il constate en effet, dans l'éclairage du laser de l'un d'eux, la présence d'un homme torse nu tapi dans l'obscurité, dos au mur, muet, faisant face aux deux militaires qui pointent sur lui leur pistolet. Il entend l'un d'eux crier que l'objectif a un couteau et lui ordonner de le lâcher, mais lui-même ne voit pas l'arme. Ses deux collègues reculent pour éviter d'être blessés. Un autre, entré dans la remise un peu avant lui, sort son Taser et fait feu. La décharge électrique tétanise brièvement l'individu, qui se redresse pourtant, arrache les fils de sa main gauche et se jette sur les deux militaires qui lui font face. Une série de coups de feu retentit. Puis une seconde. L'adjudant discerne mal ce qui vient de se passer. Il devine qu'un de ses camarades a été projeté au sol et entend une voix qui crie : Touché ! Il croit que son collègue a pris une balle perdue. Probablement un tir fratricide comme cela arrive parfois. L'homme continue d'avancer, silencieux, menaçant, le bras droit levé. Il se rue vers l'autre gendarme qui lui fait face. Le plaque contre le mur. Tente de le frapper. Il marche maintenant en direction de l'adjudant qui, malgré la faible distance qui les sépare, n'a toujours pas vu le couteau mais suppose que l'individu est porteur d'une arme. Sa réaction est immédiate. Il tire pour le stopper. Sans sommation. Une seule balle. À faible distance. Dans le plexus. Il voit le sang couler sur la paroi abdominale. L'individu fait encore un pas, puis s'effondre, tête en avant, sur le vélo.

L'adjudant range son arme. La pièce est à nouveau plongée dans le noir, à l'exception de l'épais rai de lumière en provenance de l'entrée que barre en partie la présence de ses collègues. Il entrevoit le corps allongé à ses pieds. Il se penche. L'individu semble mal en point. Il respire avec peine. Il gémit faiblement. Avec l'aide de son collègue qui était l'instant d'avant sous la menace du couteau, l'adjudant le retourne et lui passe des menottes. Le but de l'intervention était de l'interpeller. C'est chose faite. Le menottage effectué, il se dit que le type n'est toutefois pas loin d'être mort.

La sécurisation des lieux étant réalisée, l'adjudant annonce par radio qu'ils ont dû ouvrir le feu et qu'il y a deux blessés, son camarade et l'objectif. Il faut appeler les secours. Le premier tireur, qui semble sonné après sa chute, est emmené à l'extérieur par deux collègues. L'homme en train d'agoniser, en revanche, ne reçoit pas de soins. Il était la cible. Il a été neutralisé. Il gît, entravé, désormais inoffensif. Avec l'aide de son camarade, l'adjudant l'installe sur le dos. Cette position lui semble plus digne. Son collègue se tient à ses côtés, se contentant de l'appeler doucement pour vérifier s'il réagit. Mais c'est trop tard. Le militaire déclare que l'individu n'a plus de pouls. Il vient de succomber à ses blessures. L'adjudant lui enlève alors ses menottes.

Le chef de groupe réunit ses hommes pour un débriefing dans la remise. Il récapitule avec eux les événements qui viennent de se dérouler. Il demande à chacun les armes dont il s'est servi. L'adjudant compte les cartouches restantes dans son chargeur. Quatorze. Il n'a donc utilisé qu'une balle. Il sort du local. Il est ébloui par la vive lumière du jour. Il aperçoit au milieu de la cour son collègue qu'on vient d'évacuer. Il apprend qu'il n'a rien. Il était simplement choqué.

Les secours arrivent rapidement. Les pompiers sont les premiers sur les lieux, ils se rendent compte qu'il n'y a plus rien à faire. Puis c'est au tour du médecin du service mobile d'urgence, qui ne fait que constater le décès. Ensuite l'équipe de la police technique et scientifique, pour l'expertise en identification criminelle, et les gendarmes de la communauté de brigades de la ville voisine, chargés de l'enquête de flagrance. La cour s'est progressivement remplie. Les militaires postés autour de la propriété ont été rejoints par des collègues des unités alentour. Le commandant rassemble les cinq gendarmes présents dans la dépendance. Il leur demande de repréciser le fil des événements. Puis les membres du groupement se retrouvent entre eux. On pose des questions, on fait des commentaires. Encore sous le coup des événements qui se sont produits, l'adjudant demeure laconique. Il commence à réaliser que ses camarades et lui viennent de tuer un homme.

Mentalement, il passe en revue les arguments qu'il devra présenter lors de son audition. Un individu décrit comme dangereux et porteur d'une arme à feu. Le collègue criant qu'il a un couteau tandis que l'autre est violemment projeté au sol et que lui-même se voit menacé par l'homme qui se précipite vers lui. Donc légitime défense. La décharge de Taser qui n'a fait que l'exciter davantage. D'où l'obligation de passer à un niveau supérieur et de recourir à une arme létale. C'est par conséquent un cas d'absolue nécessité, et la réponse a été graduelle et proportionnée. Il connaît les règles d'engagement du Code de la sécurité intérieure. Privilégier la négociation avec retrait et en cas d'échec ne tirer que si sa vie ou celle d'un autre est menacée. Il n'avait pas le choix, il devait protéger son camarade et se protéger lui-même. Il n'a pas eu le temps de faire des sommations. C'est la première ouverture de feu de sa carrière. En quinze années passées dans la gendarmerie. Il a intégré le GIGN onze mois plus tôt. Il va sans doute devoir rendre des comptes à son institution et probablement aussi à la justice. D'autant que c'est son tir, il en est convaincu, qui a causé la mort.

III

La mère

Elle sort du chalet, une pique à la main, et se dirige vers le barbecue. Son frère et son fils cadet attisent la braise, qui rougeoie. Sur la grille, des saucisses et des côtes de porc fument déjà. Le portail s'ouvre d'un coup avec fracas et des hommes cagoulés se ruent à l'intérieur. Elle les reconnaît immédiatement. Le GIGN. Ils leur crient de se coucher. L'un d'eux accourt vers elle et lui arrache l'ustensile des mains. Il lui ordonne de se mettre à genoux, son arme braquée sur elle. Son mari est poussé violemment vers le sol par un autre militaire qui le menotte. Il respire mal. Les deux autres hommes de la maison subissent le même sort. Deux gendarmes les plaquent au sol avec leur botte sur le dos. Son frère se plaint que leur viande est en train de brûler et demande qu'on veuille bien la retourner sur le gril. Elle pense qu'il n'a visiblement pas compris à qui il a affaire. Le militaire rit, prend une bouteille d'eau et la vide sur le barbecue. Bientôt la mère est rejointe par sa belle-fille qui étendait du linge derrière le bâtiment et qu'un cagoulé traîne par les bras en la forçant à son tour à s'agenouiller. Toute la famille est maintenant regroupée sous la menace de mitraillettes. Sauf Angelo, qui a pu se cacher dans le cabanon. Pourvu qu'ils ne le trouvent pas.

Les gendarmes, pendant ce temps, se sont rués vers les bâtiments et les caravanes. La mère entend le vacarme des fouilles à l'intérieur des habitations. Elle imagine les dégradations. On ne traite pas les gens ni les choses comme ça. Qu'est-ce qu'ils leur reprochent ? Qu'est-ce qu'ils leur veulent ? Aucune explication ne leur a été fournie. Seulement ces instructions vociférées. Comme s'ils ne méritaient pas qu'on leur parle normalement. Comme à des êtres humains. La position est pénible, douloureuse. Elle se plaint d'avoir mal aux genoux. On ne l'écoute pas. Elle voit son petit-fils qui contemple la scène avec stupeur et entend un cagoulé lui dire de rentrer se coucher. Elle a de plus en plus de difficulté à demeurer agenouillée. Elle enrage, vitupère, invective. On lui intime de se taire. Ne supportant plus ses lamentations, un gendarme finit par l'attraper violemment par le bras et l'entraîner sur les marches de la caravane. Sa belle-fille est autorisée à s'asseoir auprès d'elle.

Des militaires qui ont fini d'explorer les lieux s'approchent pour les interroger. Savent-ils où est son fils ? Enfin, ils nous disent ce qu'ils cherchent, songe-t-elle. Elle n'avait jusqu'alors pas pensé qu'ils étaient là pour lui. Il est rarement chez eux. Elle n'avait même pas imaginé qu'ils étaient au courant de sa présence ce jour-là. Quand l'un des militaires s'approche d'elle et lui pose la question, elle s'emporte. On lui a demandé de la fermer tout à l'heure. Donc, elle la ferme maintenant. Les gendarmes s'éloignent en haussant les épaules. Au centre de la cour, elle les voit en train de discuter avec des collègues. Elle suppose qu'ils hésitent sur la conduite à tenir. Comment le fugitif a-t-il bien pu s'enfuir ? doivent-ils s'étonner. Cette idée la réjouit.

Un calme relatif s'est enfin installé. Elle entend un objet tomber dans la grange. Sa belle-sœur la regarde. Elle aussi a entendu. Les gendarmes se sont retournés. Deux d'entre eux s'approchent du local, suivis par trois autres. Armes au poing. Elle ne voit pas comment Angelo pourrait leur échapper. C'est trop bête ! C'était presque gagné. Un coup de pied fait voler la porte. Les deux premiers militaires s'avancent à l'intérieur, puis les trois autres. Elle tend l'oreille. Le silence s'est fait dans la cour. À l'intérieur de la dépendance, elle ne perçoit aucun bruit. Que celui des gendarmes qui butent sur des objets.

Il faut dire, l'endroit est tellement obscur et encombré. Un temps très bref. Puis des tirs nourris. Comme une mitraillette. Les militaires ne se sont pas annoncés, n'ont pas demandé à son fils de se rendre, n'ont pas fait d'injonction avant d'user de leur arme. Elle entend l'ordre crié par l'un des gendarmes, le chef peut-être, qu'elle voit se diriger vers la remise : Cessez le feu ! Grenadez-le !

À nouveau le silence. Le son étouffé d'un appel radio. Des hommes qui entrent et sortent du local. Il y a comme une sorte de conciliabule à l'intérieur. D'abord, elle reste abasourdie par le choc de ce qu'elle craint de deviner. Puis, elle lance des interrogations aux militaires qui passent devant elle. Personne ne semble lui prêter attention. Son mari s'écrie qu'on a tué leur fils. Elle se met à trembler. Ce n'est pas possible ! Pas comme ça ! Solitaire, acculé, dans la poussière. Elle tend l'oreille en quête de sons à l'intérieur de la grange qui suggéreraient qu'Angelo est encore vivant. Rien que les conciliabules des gendarmes. Deux autres militaires apparaissent à l'entrée. Ils portent un troisième. Elle les regarde. Ils trébuchent en passant près de la table qui se renverse sur son mari et déposent leur fardeau un peu plus loin pour le déshabiller. Elle observe la scène. L'homme se relève, apparemment sans dommage. Elle ironise : Il n'est pas mort, celui-là, au moins.

Lorsque quelques instants plus tard elle voit arriver des gens en blanc, elle se prend à espérer. Peut-être son fils est-il seulement blessé. Peut-être va-t-elle le voir sortir sur un brancard pour être conduit à l'hôpital. Pas plus que les autres, les nouveaux venus ne répondent toutefois à leurs questions angoissées. Ils repartent sans personne, ce qui n'est pas bon signe. Sa belle-fille semble plus qu'elle encore pleine d'un irrationnel espoir. Elle implore même un gendarme qui passe devant la caravane d'aller dans la remise pour s'assurer qu'Angelo ne reste pas ainsi tout seul, sans soins. Mais en voyant le remue-ménage dans la cour, la mère accepte l'évidence. C'est bien cela. Ils ont tué son fils. Aux cagoulés elle crie sa colère. Quelques-uns s'arrêtent et la regardent. Elle croit lire dans leurs yeux la moquerie. Bientôt, ils se regroupent et s'en vont vers leur fourgon, remplacés par des gendarmes locaux qui conduisent les cinq prisonniers dans le jardin, sous le noyer.

Ces gendarmes-là ne sont pas méchants. Ils ne disent rien non plus, mais c'est parce qu'ils ne savent rien. Ils se contentent de les retenir. De l'autre côté du muret qui borde la propriété, le fils d'Angelo est dans un véhicule de police sous bonne garde. Il ignore ce qui s'est passé. Il appelle et demande des nouvelles de son père. Ses proches répondent qu'ils n'en savent rien. Il insiste. Sa grand-mère finit par prononcer les mots que tous redoutent : Ils l'ont tué. Le garçon se tait. Puis il pose encore la question comme s'il n'avait pas entendu. Elle lui répète plus fort : Ils l'ont tué. Il reste interdit.

L'attente sous le grand arbre dure longtemps. La mère revoit l'image de son fils lorsqu'il est arrivé, un peu après midi. Il l'a saluée en traversant la cour avant d'aller préparer le barbecue. Affublé d'un pantalon de survêtement sombre et d'un tee-shirt vert, il portait crânement le chapeau noir que son père lui avait offert le matin même. Cela faisait longtemps qu'il l'implorait de lui donner. Et justement, ce jour-là, il en hérite. Tiens, il est à toi ! Angelo avait été ému du cadeau. Le chapeau de son père. La mère pense : Il ne l'aura pas porté longtemps.

Mais pourquoi aussi avoir fait venir le GIGN ? N'auraient-ils pas pu envoyer des gendarmes du coin pour lui demander de se rendre ? Comme ils l'avaient fait quelques mois plus tôt pour son autre fils, qui s'était ensuite livré de lui-même. Et s'ils tenaient vraiment à envoyer leur corps d'élite, dès lors que les militaires avaient compris, en entendant le bruit, qu'il se cachait dans la remise, n'auraient-ils pas pu simplement lui ordonner de sortir, ou lancer une grenade comme l'avait crié celui qu'elle supposait être leur chef ? Il y a vingt ans déjà, le GIGN était intervenu chez eux. Cette fois, c'était pour son mari. Il avait volé des fromages dans une fromagerie. Il avait été surpris et avait tiré en l'air avec un vieux fusil pour protéger sa fuite. Le lendemain, une unité d'assaut avait été envoyée à son domicile. Lorsqu'il avait vu les militaires, il avait immédiatement obtempéré et s'était laissé arrêter sans coup férir. Quelque temps plus tard, ironisant sur l'intervention de ses collègues, qu'il jugeait disproportionnée, un gradé de la brigade de recherche lui avait dit : Moi, j'y serais allé seul et je lui aurais dit de me suivre. Connaissant bien son mari, il avait ajouté : Je suis sûr qu'il l'aurait fait. C'est du cinéma tout ça ! Elle pense : Et qui peut mal finir. Une phrase prononcée par l'un des membres du commando lors de l'interpellation de son mari lui revient. S'il est vivant, avait-il lâché d'un ton acerbe après l'opération, c'est parce qu'on avait l'ordre de ne pas tirer. Elle en conclut que si les gendarmes peuvent recevoir l'ordre de ne pas tirer, c'est qu'ils peuvent aussi recevoir l'ordre de tirer.

IV
Le second adjudant

Il vient de relayer l'un de ses collègues qui assurait la garde du plus âgé des résidents de la maison. C'est sûrement le père de l'objectif. Le vieil homme est sur le sol, menotté. Il respire difficilement. Il peste contre les forces de l'ordre. Quatre autres membres de la famille sont également maintenus sous contrôle. Eux aussi les agonissent de récriminations, de malédictions et d'injures. L'adjudant aperçoit un petit garçon. Il doit avoir dans les trois ans. Il regarde alternativement les adultes entravés sur le ciment et les gendarmes engoncés dans leur accoutrement. L'air sidéré. L'adjudant s'avance et lui dit : Ne reste pas là, bonhomme. Va au lit. Le gamin apeuré disparaît sans un mot. Dans la cour, les militaires vont et viennent précipitamment, visitant bâtiments et caravanes.

L'opération a été lancée il y a une quinzaine de minutes. L'adjudant a été l'un des premiers à sortir pour interpeller l'adolescent assis dans la voiture garée devant la maison. On leur avait initialement annoncé que la cible, un individu décrit comme potentiellement calibré et en cavale, se trouvait dans le véhicule. Alors qu'ils approchaient du but, on leur a cependant appris qu'il venait d'entrer chez ses parents. Il a tout de même fallu prendre en compte le jeune, qui n'a du reste pas manifesté de signe de résistance. Tout juste a-t-il tenté de prévenir ses proches en criant. Mais à l'intérieur de la propriété familiale, personne n'a paru l'entendre. Il s'est avéré que c'était bien le fils de l'objectif. Lorsque les gendarmes lui ont demandé de se rendre, il s'est laissé interpeller, demandant qu'on ne lui fasse pas mal. L'adjudant et son camarade l'ont traité avec prévenance. Ils l'ont attaché précautionneusement avec des liens souples et confié à un collègue qui l'a allongé sur le sol. Puis ils sont entrés dans la cour où les militaires avaient déjà maîtrisé sans difficulté cinq membres de la famille, deux femmes et trois hommes, tandis que d'autres avaient commencé à fouiller les habitations. À l'évidence sans résultat. L'adjudant a proposé au gendarme qui tenait le plus âgé de leurs prisonniers en respect de prendre sa place afin que son collègue puisse continuer l'exploration des lieux.

Le type qu'il garde n'a pas l'air aimable. Un militaire qui vient de sortir d'un bâtiment s'approche et lui demande où est son fils. Le gars maugrée qu'il n'en sait rien. La même question est posée aux autres membres de la famille. Ils fournissent la même réponse. La cible demeure introuvable et il ne faut visiblement pas compter sur ces gens-là pour les aider à mettre la main dessus. L'adjudant voit s'approcher le collègue avec lequel il fait équipe. La cabane qui jouxte la construction principale a-t-elle déjà été visitée ? Il lui répond qu'il ne sait pas et voit son camarade se diriger vers le local. Pour ne pas le laisser s'aventurer seul, il le rejoint après s'être fait relever auprès de son prisonnier.

Il pénètre dans la pièce le premier, son pistolet mitrailleur à la main. L'obscurité est presque totale. Le lieu ressemble à un débarras dont le sol est jonché d'objets plus ou moins volumineux. L'espace paraissant confiné, l'adjudant remplace l'arme longue, trop volumineuse et peu maniable, par son arme de poing. Il éclaire la salle encombrée avec le laser du pistolet semi-automatique. Il entend alors son collègue s'écrier : Gendarmerie, gendarmerie ! Sors de là ! Il comprend que la cible a été découverte. Elle est cachée sous un amoncellement d'affaires. Elle se dresse soudain juste devant eux, le torse nu, dans un état de nervosité extrême, proférant des insultes, agitant les bras et cherchant à mordre. L'adjudant range son arme et s'approche pour tenter de la maîtriser à mains nues, mais son collègue le prévient en hurlant : Couteau, couteau ! Il recule alors, reprend son pistolet et tient l'homme en respect. Il lui demande de jeter son arme. Quatre gendarmes sont maintenant dans la remise, derrière lui. Il voit deux tirs successifs de Taser atteindre l'individu. Un sur chaque flanc. Sans autre résultat que de l'exciter davantage et de le rendre plus incontrôlable encore. Un véritable accès de démence. Rugissant, l'homme brandit son couteau. Il fait de grands gestes circulaires et, se jetant sur son collègue, tente de le frapper au niveau du cou, dans le mince espace situé entre le casque et le gilet. L'adjudant s'avance vers lui, tire une première salve en visant le thorax, puis il ressent un choc au menton dont il ne sait pas s'il provient de l'individu ou de son collègue. Il tombe à la renverse. Relevant la tête, il éclaire la scène et constate que l'homme est toujours debout, au-dessus de lui, s'acharnant sur son camarade. Il a tout juste le temps de tirer une seconde fois avant de perdre connaissance.

Quand il reprend conscience, il est dehors dans la cour, allongé, déséquipé. Ses camarades s'affairent autour de lui. On le porte dans le camion où ses supérieurs viennent s'enquérir de son état. Un peu plus tard, un débriefing a lieu avec les membres du groupement. On évoque l'opération, on se réjouit de ce qu'il n'y ait pas de blessé, on parle de la furie qui a saisi l'objectif. L'adjudant est disert. Il remarque qu'à l'inverse son collègue qui a tiré à sa suite demeure silencieux. Les techniciens en identification criminelle leur demandent leurs gants, leur cagoule, leur pistolet automatique. On pratique également des tests de dépistage d'alcool et de stupéfiants.

À quinze heures quarante-cinq, la garde à vue est notifiée aux deux militaires auteurs des tirs, car existent, indique le document, des raisons plausibles de soupçonner qu'ils ont commis des violences avec usage ou menace d'une arme ayant entraîné la mort sans intention de la donner. Même si l'adjudant s'y attendait, la mesure le choque. Elle prend officiellement effet à treize heures, au moment du drame, soit près de trois heures plus tôt. Dans la gendarmerie où il est entendu par un officier de police judiciaire, l'adjudant est informé de ses droits. Il demande à être vu par un médecin qui certifie après l'avoir examiné que son état de santé est compatible avec sa garde à vue. Plus tard, il sollicite cette fois une expertise médico-légale afin d'évaluer les blessures qu'il impute à l'agression dans la remise. Le rapport note que l'adjudant se plaint d'une sensibilité du menton et de douleurs cervicales, mais ne relève aucun élément objectif, en particulier pas d'hématome ou d'excoriation dans ces régions. Juste quelques écorchures au niveau des avant-bras. Pas d'interruption temporaire de travail. L'ensemble n'apporte guère d'éléments probants. Mais là n'est pas l'essentiel. S'il a tiré, il le dira lors de son audition, c'est pour sauver la vie de son camarade. Il n'avait pas d'alternative.

Cette intervention, c'était sa deuxième en vingt-quatre heures. La précédente avait eu lieu la nuit d'avant. Une interpellation pour une affaire de trafic de stupéfiants. Avec en plus une belle prise de produits. Il était allé se coucher au petit matin et avait été réveillé quelques heures plus tard pour l'opération concernant l'évadé. Il en est ainsi dans leur métier. Il faut être prêt H24. Les missions peuvent s'enchaîner. À vrai dire, il ne se sent pas même fatigué. Il a l'habitude de ce rythme. Dix-huit ans de gendarmerie, dont la moitié passés au GIGN. Huit passés outre-mer. Parachutiste, pilote de véhicule nautique, tireur embarqué aéronef, moniteur forêt équatoriale, qualifié chef d'équipe protection personnalité, compétent pour l'usage d'à peu près toutes les armes dont peuvent disposer les forces de l'ordre, il est un gendarme aguerri. Il a déjà été amené à faire feu. La première fois, pour une histoire de pêche irrégulière. Il avait tiré sur plusieurs individus avec un fusil à pompe. La seconde fois, dans une affaire de chercheurs d'or illégaux. Il s'était servi d'un lanceur de balles contre un orpailleur. Mais jusqu'à ce jour, il n'avait jamais tué.

V

Le médecin

Il lit sur la feuille de régulation qu'un appel vient d'être reçu de la gendarmerie pour un blessé grave par arme à feu. L'assistante qui répond ce jour-là au quinze a transmis l'information au médecin régulateur du Samu qui, comme il se doit, a d'abord contacté les pompiers, parce qu'ils peuvent se rendre plus rapidement sur place, puis l'a joint au Smur de la ville-préfecture. Il est treize heures onze. Il déclenche immédiatement le dispositif d'urgence et se met en route, accompagné d'une infirmière et d'un ambulancier. De l'hôpital au domicile où s'est produit l'accident, il leur faut une quinzaine de minutes. À cette heure-là, il n'y a pas de circulation et, de toute façon, une fois sorti de l'agglomération, on est dans la campagne jusqu'au village où s'est produit le drame.

Parvenu sur place, le médecin apprend des pompiers qu'il n'y a plus rien à faire et que la personne était même déjà morte depuis plusieurs minutes quand ils sont arrivés. Il s'enquiert auprès d'eux de l'état civil de la victime et des circonstances de son décès. Il échange aussi quelques paroles avec les gendarmes, en particulier l'officier de police judiciaire présent sur place. Il note les informations qui lui ont été fournies. Ensuite, accompagné de ses deux collaborateurs, il traverse la cour de ce qui ressemble à une ancienne ferme abritant, à côté des bâtiments, des caravanes. Il est impressionné par le nombre de militaires en tenue d'intervention qui occupent les lieux. Il enregistre également la présence de trois hommes menottés couchés sur le sol, deux femmes assises non loin, tous sous bonne garde.

Il doit s'agir d'une très grosse opération de sécurité publique. Jamais il ne s'est trouvé au milieu d'un tel déploiement de forces de l'ordre. Il ne se sent pas à son aise. L'homme et la femme âgés récriminent contre les gendarmes. Ils les accusent d'avoir tué leur fils.

On lui a indiqué que le corps se trouvait dans le local situé sur la partie droite du bâtiment principal, à proximité du lieu où se tiennent les cinq prisonniers. Il se dirige vers une petite dépendance plongée dans l'obscurité. L'officier de police judiciaire est avec lui. En entrant, l'un des soignants heurte une caisse qui s'éventre en déversant son contenu. Ils voient rouler sous leurs pieds des pommes de terre qui s'ajoutent à la quantité d'objets qui jonchent le sol. Le corps est légèrement en travers. Le tronc nu est criblé de plusieurs orifices de balles desquels s'échappent des filets de sang. Les dards de probables tirs de Taser sont encore fichés sur sa peau. Le médecin constate le décès puis se retire. Il n'est pas censé toucher au cadavre puisqu'il va certainement y avoir des photographies et des relevés d'empreintes par l'équipe technique. Dans ce type de situation, son rôle se limite à établir le certificat de décès. Il remplit les données d'état civil et, à côté de l'adresse des parents, ajoute entre parenthèses SDF. Il indique la date de la mort, mais ne précise pas l'heure car il ne la connaît pas avec exactitude et surtout se doute qu'elle peut avoir de l'importance pour la suite. Il coche la rubrique Obstacle médico-légal qui signifie que la mort est suspecte et implique l'intervention du procureur de la République pour décider si une enquête est nécessaire. De son arrivée sur les lieux jusqu'à la signature du certificat de décès, l'officier de police judiciaire est demeuré presque tout le temps avec lui. Une fois les formalités accomplies, le médecin converse quelque temps encore dans la cour avec des pompiers et des gendarmes, puis il repart avec l'infirmière et l'ambulancier.

De retour dans le camion, il contacte le régulateur pour effectuer sa transmission. Son collègue est justement originaire du village où l'intervention du GIGN a eu lieu et il cherche à savoir comment les choses se sont passées. Le médecin n'a pas beaucoup de détails à lui fournir. Il lui dit qu'il croyait au départ qu'il s'agissait d'une perquisition. Il lui décrit la scène sur place et le dispositif de sécurité. Il parle de la victime qu'il n'a pas été en mesure d'examiner de près et ajoute : Le gars n'était pas armé. Mais il ne veut visiblement pas s'étendre sur le sujet. Il explique à son collègue : Ils sont venus me voir et me dire qu'il faudrait que ce soit en discrétion totale. Sur le moment, il ne réalise pas que cette conversation fait, comme toutes celles du Smur, l'objet d'un enregistrement et que, compte tenu des circonstances, elle devient une pièce importante pour l'enquête.

C'est lorsqu'il sera convoqué un an plus tard dans le cadre de l'instruction judiciaire qu'il comprendra que les phrases qu'il a prononcées dans son message radio peuvent devenir des preuves. L'affirmation que le gars n'était pas armé va en effet à l'encontre des déclarations des cinq gendarmes sur place dans la remise et remet en question la légitime défense des deux tireurs puisque tous ont décrit la victime se jetant sur eux avec un couteau. Le médecin l'a lu dans l'article paru le surlendemain de la mort du fugitif. Quant à l'injonction de maintenir une discrétion totale, elle peut paraître signifier une pression exercée par la gendarmerie ou le parquet sur un témoin potentiellement embarrassant. Lors de l'audition, lui revient à l'esprit la présence pratiquement constante de l'officier de police judiciaire à ses côtés. L'insistance de la juge d'instruction et du conseil des parties civiles pour lui faire dire de qui il a appris que le gars n'était pas armé et qui a exigé de lui une discrétion totale le place dans une situation délicate. Il bredouille des réponses confuses et contradictoires, se doutant qu'il ne convainc pas ses interlocuteurs lorsqu'il leur dit qu'il ne se souvient plus, qu'il n'est même plus certain que c'est ce qu'il a entendu, que le contexte était tellement dramatique et stressant qu'il a pu se tromper, et que lui demander le silence sur ce qu'il avait vu et entendu devait simplement signifier qu'on attirait son attention sur le caractère sensible de cette affaire ou même pouvait n'être qu'une façon de lui rappeler son obligation déontologique de respecter le secret médical. Acculé par l'avocat, il doit toutefois concéder que, s'il a donné ces informations au régulateur, c'est bien sûr qu'il les a entendues. Il ne les aurait tout de même pas inventées.

Tandis qu'il rentre maintenant à l'hôpital avec ses deux collaborateurs, le médecin éprouve un sentiment pénible. L'ambiance tendue, la mort violente, les pressions judiciaires. Il aime la clinique, les urgences, les gestes qui permettent de sauver des vies. Pas la médecine légale, les certificats de décès, les situations où tout est perdu d'avance. À peine est-il de retour dans son service qu'il est à nouveau appelé par la gendarmerie. Cette fois, c'est sur réquisition de l'officier de police judiciaire d'un département voisin venu notifier leur garde à vue aux deux militaires mis en cause dans la mort de l'homme. Le Code de procédure pénale prévoit en effet qu'ils doivent faire l'objet d'un examen médical pour s'assurer que leur état de santé est compatible avec la mesure de garde à vue et leur placement en chambre de sûreté. Le médecin réalise l'acte demandé. Pensum bureaucratique auquel il ne peut légalement se dérober. Étrange tout de même qu'on fasse appel à lui pour établir ce certificat, pense-t-il en rentrant dans son service. D'ordinaire, on demande à un généraliste de ville de se déplacer. Pas à un urgentiste praticien hospitalier. À vrai dire, c'est la première fois qu'on le réquisitionne pour un tel acte. Il ne comprend pas pourquoi cette exception.

VI

La sœur

Elle consulte sa messagerie et voit que sa belle-sœur lui a écrit. Elle ne lit pas le message car elle évite de se laisser distraire. Elle suit une formation de retour à l'emploi avec des enseignements fondamentaux qui devraient l'aider à trouver du travail. Elle prend la chose très au sérieux. Elle aimerait devenir agent de service hospitalier et, pourquoi pas ensuite, aide-soignante. Quand elle a croisé son frère ce matin alors qu'il arrivait au domicile familial tandis qu'elle le quittait, elle lui a parlé fièrement de ce cours qu'elle suivait. Il l'a félicitée : C'est bien. C'est comme ça, la vie ! Elle a compris qu'il voulait dire que la vie, ce n'est pas celle, troublée, qu'il mène.

La curiosité finit par l'emporter. Elle ouvre le message : Ne rentre pas à la maison. Passe prendre les enfants à l'école. C'est plein de schmitts chez nous. Bouleversée, elle quitte la formation. Pourquoi ne doit-elle pas aller chez elle ? Est-ce après elle que les gendarmes en ont ? Elle n'a pourtant rien à se reprocher. Mais c'est plus fort qu'elle. Toujours cette appréhension, dès qu'il est question de gendarmes. Elle sait tellement de quoi ils sont capables. Elle appelle sa belle-sœur, qui lui répond qu'elle ne peut rien lui dire au téléphone. Elle devine qu'elle est sous surveillance. Elle tente d'obtenir au moins des monosyllabes en énumérant les membres de la famille qui pourraient avoir affaire aux forces de l'ordre, mais n'obtient que des réponses négatives. Elle ne pense pas même à mentionner le nom d'Angelo qu'elle croit déjà reparti de chez ses parents. Dix minutes s'écoulent. Le téléphone sonne. Le numéro de sa mère s'affiche, mais c'est son père qui est au bout du fil. Il s'écrie : Ils ont tué ton frère ! Ils ont tué ton frère ! Elle ne comprend pas. Ne veut pas comprendre. Elle demande : Il est à hôpital ? Il répond : Mais non ! Ils l'ont tué. Il est mort. Il faut qu'on aille à la brigade. La ligne est brusquement coupée. Probablement un schmitt.

En route, elle prie de toutes ses forces pour que ce ne soit pas vrai, que son père se soit trompé, que son frère ne soit que blessé. À l'entrée de la rue qui conduit à la maison familiale, deux agents de la gendarmerie voisine lui interdisent le passage. Elle leur demande les raisons du barrage. Ils lui disent qu'ils n'en savent rien. On les a appelés pour interrompre la circulation sans leur fournir d'explication. Elle tente un accès différent, de l'autre côté du village. Cette fois le dispositif est plus impressionnant. Une demi-douzaine de militaires lourdement armés se tiennent au milieu de la route. Devant l'imposant déploiement des forces de l'ordre, elle réalise qu'un événement grave s'est effectivement produit. Mais elle n'obtient pas plus d'information qu'au contrôle précédent. Elle éclate : Moi, je sais ce qui est arrivé. Vous avez tué mon frère. Elle ajoute : Et vous ne nous laissez pas passer parce que vous êtes là-bas en train d'arranger les choses à votre manière comme vous faites toujours.

Elle s'éloigne. Brisée de douleur, se sentant impuissante, elle se met à pleurer sur le bord de la route. Un car de CRS qui se dirige vers la maison familiale s'arrête à sa hauteur. Probablement, au barrage un peu plus haut, les gendarmes les ont-ils prévenus de sa présence. Par la fenêtre ouverte, l'un des occupants abaisse ses lunettes de soleil réfléchissantes. Il la dévisage quelques instants sans un mot. Elle le voit sourire d'un air goguenard. Le véhicule redémarre.

Plus de quatre heures s'écoulent avant que le procureur n'autorise la jeune femme à se rendre à son domicile, mais seulement, lui précise-t-on, pour y récupérer les quelques affaires dont elle a besoin pour la nuit qu'elle ne pourra passer chez elle. Lorsqu'elle arrive enfin devant le portail gardé par des militaires, elle trouve ses parents qui reviennent de l'audition à la gendarmerie. Ils lui annoncent que son frère a été abattu par les hommes du GIGN. Elle est abasourdie. Elle pénètre dans la cour de la ferme. C'est une vraie scène de guerre, se dit-elle. Elle pense aux jeux vidéo de simulation militaire. Partout, ce sont des gendarmes armés de pistolets mitrailleurs. Ils les accompagnent dans les bâtiments et les caravanes. Les pièces sont dans un désordre indescriptible où chacun tente de retrouver qui des médicaments, qui des vêtements, qui une trousse de toilette.

La jeune femme avait espéré voir le corps de son frère, mais en découvrant la bâche blanche qui couvre l'entrée de la remise, elle saisit qu'on ne le lui permettra pas, d'autant qu'elle aperçoit le technicien en identification criminelle qui entre et sort avec des tubes de prélèvement et divers instruments d'analyse. Parmi les scellés, elle reconnaît le téléphone de sa mère dont l'état de santé précaire après une lourde opération rend nécessaire qu'elle puisse à tout moment entrer en contact avec ses médecins. Elle s'emporte, exigeant qu'on le lui rende. Les gendarmes devinent qu'il vaut mieux transiger. Peut-être pensent-ils aussi qu'il n'est pas nécessaire d'avoir une seconde victime sur les bras. Ils restituent son portable à la mère malade.

La famille reprend la route pour se rendre chez des parents. C'est là qu'ils passeront la nuit. En chemin, la sœur d'Angelo apprend les circonstances du drame. Les hommes du GIGN en tenue d'assaut, ses parents malmenés comme des criminels, son frère tué par des tirs sans sommation. Les humiliations et les violences. Le lot habituel des voyageurs quand ils sont confrontés aux forces de l'ordre, pense-t-elle. Sauf que, cette fois, l'intervention se termine par un homicide. Elle est bouleversée. Lorsqu'ils arrivent chez la tante qui les héberge, des cousins et cousines les attendent. On pleure le défunt. On se raconte la tragédie. On s'indigne de la manière dont les gendarmes ont abattu Angelo, dont ils ont traité ses proches, dont ils les empêchent de voir le corps, dont ils sont sans aucun doute occupés à préparer un récit qui les exonérera de la responsabilité de ce qu'elle considère être l'exécution d'un homme seul, sans arme, face à cinq militaires surarmés. Légitime défense. Comme à chaque fois qu'un voyageur meurt sous les balles des forces de l'ordre.

Après une nuit blanche, la sœur se lève à la première heure pour acheter le journal. En découvrant le portrait qui est fait de son frère, présenté comme un dangereux fugitif, et le récit des événements, qui reprend une version des gendarmes bien différente de celle que lui ont racontée ses parents, elle sent la colère monter en elle. Ils ont tué son frère. Et maintenant, s'insurge-t-elle, ils salissent sa mémoire et, d'avance, innocentent les tueurs. Plus tard, avec ses parents, elle écoute à la télévision les informations sur la chaîne régionale. Le procureur de la République a donné une conférence de presse dont des extraits sont présentés. Devant les journalistes, il explique qu'un voyageur en cavale s'est jeté avec un couteau sur les gendarmes qui n'ont eu d'autre choix que de tirer pour se protéger, après avoir vainement tenté de le maîtriser par des décharges électriques de Taser. Bien sûr, conclut-il, la légitime défense devra être confirmée par l'enquête qu'il a diligentée.

La sœur est scandalisée. Elle se sent blessée par ce qu'elle considère comme des mensonges destinés à déjà disculper les militaires en faisant de son frère le seul responsable de sa propre mort. On a auditionné ses parents, mais on ne les a pas entendus. À aucun moment dans la présentation faite par le parquet, il n'a été question de leur version des faits, qui contredit entièrement celle des gendarmes. Quant au journaliste du quotidien local qui suit l'affaire, il n'a pas pris la peine d'entrer en contact avec eux. Les lecteurs sauront donc qu'un évadé potentiellement dangereux et armé appartenant à la communauté des gens du voyage a agressé avec un couteau des gendarmes venus l'interpeller et que, s'étant montré insensible aux injonctions de se rendre et aux tirs de Taser, il a dû être abattu. Une histoire simple. Qui correspond probablement bien à l'imaginaire du public à propos des voyageurs. Seul le correspondant de la télévision régionale a interrogé le frère cadet témoin du drame, donnant voix à une version alternative des faits. Ce dernier a expliqué que les militaires sont entrés dans la remise et que deux secondes après ils ont tiré.

Mais à la colère que ressent la jeune femme s'ajoute l'inquiétude. Pourquoi a-t-on laissé le corps de son frère dans la poussière sans les laisser le voir, sans les autoriser à le veiller ? Et si on ne le leur redonnait pas ? L'idée a traversé l'esprit de ses parents et la peur les envahit. Après avoir écouté le représentant du parquet à la télévision, tout leur semble possible. On évoque d'autres cas où des familles n'ont pas récupéré le corps de leur proche tué par les forces de l'ordre. En tout cas, pas immédiatement. La suspicion s'immisce dans les esprits. Et d'ailleurs, pourquoi ne les laisse-t-on pas rentrer chez eux ? Que font en leur absence les gendarmes, les enquêteurs et les magistrats pendant toute cette journée ? Chacun est convaincu qu'ils sont en train d'agencer la scène du drame et d'accorder les récits des militaires pour rendre leur version crédible.

En attendant d'être autorisée à rentrer chez elle, la sœur d'Angelo tente de s'extraire de ces douloureuses pensées. Elle se remémore sa dernière rencontre avec son frère la veille au matin. En embrassant ses neveux, il leur a dit en riant : Il faut bien travailler à l'école. L'un de vous sera mon avocat plus tard. Elle, au moment de le quitter, s'est montrée prévenante comme à l'accoutumée : Fais attention à toi. Il lui a répondu tranquillement : T'inquiète. On court tant qu'on peut. C'est la dernière phrase qu'il me dit, songe la jeune femme soudainement émue aux larmes, et j'apprends quelques heures plus tard qu'il est mort sans avoir couru. Fait comme un rat, dans un recoin où il s'était caché. Mourir entre quatre murs, c'est tout ce qu'il ne voulait pas.

VII
Le procureur

C'est alors qu'il participe à une réunion du conseil départemental qu'il reçoit un appel du magistrat de permanence au sujet d'une ouverture de feu lors d'une intervention des gendarmes chez des gens du voyage. Il est treize heures quinze. L'homme qui devait être interpellé est grièvement blessé, et sans doute y a-t-il aussi un autre blessé du côté des forces de l'ordre. Tandis que le procureur de la République se rend sur les lieux, lui revient à l'esprit ce que lui avait dit, lors de sa passation de pouvoir, la collègue à laquelle il succédait. De ses années de parquet, elle gardait surtout le souvenir d'un épisode dont la gestion s'était avérée particulièrement éprouvante : la mort, quelques années auparavant, d'un jeune manouche tué par des gendarmes, ce qui avait entraîné une forte réaction de sa communauté, laquelle avait mis à feu et à sang, lui avait-elle déclaré, la petite ville où l'événement s'était produit. Se remémorant ses paroles, le procureur réalise que l'affaire dont on vient de lui parler promet d'être très sensible. Sur place, il apprend d'ailleurs que l'homme interpellé est mort alors qu'en fait il n'y a pas de blessé parmi les gendarmes. Cette nouvelle confirme ses craintes, d'autant que ses interlocuteurs affirment que les agents ont tiré en situation de légitime défense.

Plusieurs éléments lui apparaissent d'emblée hors norme dans ce dossier dont il découvre peu à peu les tenants et les aboutissants. Ainsi, la présence d'enquêteurs de la Section de recherches d'un département voisin mandatés par la commission rogatoire d'un juge d'instruction est tout à fait inhabituelle pour ce qui n'est au fond qu'une banale non-réintégration de la prison après une permission de sortir. Dans de tels cas, le problème est normalement traité au niveau local par le juge de l'application des peines. Plus remarquable encore est le recours au GIGN qui suppose une opération exceptionnellement dangereuse. En effet, la majorité des interpellations est réalisée par une brigade territoriale, voire, quand on prévoit un certain risque, le peloton de surveillance et d'intervention de la gendarmerie, ou même, plus rarement encore, le peloton spécialisé de protection de la gendarmerie, en principe réservé à des attaques terroristes. Que, pour arrêter une personne de la communauté des gens du voyage, on en soit arrivé à faire appel aux unités d'élite du groupe d'intervention de la gendarmerie nationale, correspondant au plus haut degré de dangerosité, est, pour le représentant du ministère public, objet d'étonnement. Il interroge ses collègues de la Section de recherches qui lui expliquent que l'homme en cavale était considéré comme non seulement dangereux, mais également déterminé, ce qui justifiait selon eux le recours à ces moyens exceptionnels. Dont acte.

Tandis qu'il prend connaissance du déroulement de l'interpellation, il comprend que la situation est délicate puisque les décisions qu'il prendra l'exposent à la colère des proches de la victime ou au mécontentement des forces de l'ordre, voire aux deux. D'une part, il ne faut pas que l'information concernant la mort du garçon soit connue trop tôt, à la fois par respect pour la famille, qui doit être la première avertie, et pour anticiper d'éventuelles manifestations de colère de la part des gens du voyage, parmi lesquels la mémoire du jeune homme tué par un gendarme quelques années plus tôt demeure vive, comme en témoigne la célébration de chaque anniversaire de son décès. Il est donc nécessaire de maîtriser la diffusion de la nouvelle et de prévenir les fuites. Rien n'est dit aux parents et il est expressément demandé aux gendarmes, pompiers et médecin présents sur place de ne pas ébruiter les faits. D'autre part, il faut faire entendre tous les protagonistes au plus près de l'événement, ce qui suppose qu'une partie des agents ne rentrent pas à la caserne mais soient auditionnés par des officiers de police judiciaire le jour même, et surtout, il faut décider de mettre ou non en garde à vue les auteurs des tirs mortels.

À cet égard, le contexte politique est loin d'être neutre. À la suite des attentats de 2015, non seulement l'état d'urgence a été instauré, donnant beaucoup plus de prérogatives aux forces de l'ordre, mais également la loi a été aménagée pour moderniser, selon la terminologie officielle, c'est-à-dire élargir, l'usage de leurs armes. Dans la mesure où le cadre de la légitime défense s'étend à la fois dans la lettre de la réglementation et dans l'esprit des magistrats, placer des agents en garde à vue alors qu'ils invoquent précisément cette légitime défense va à l'encontre de l'évolution du droit et même de la société, qui semble s'accommoder du pouvoir accru accordé aux forces de l'ordre. Après s'être entretenu avec le Parquet général et l'Inspection générale de la gendarmerie nationale, le procureur, qui a entre-temps appelé en renfort un substitut, confirme néanmoins qu'il va faire procéder aux auditions de tous les témoins et placer en garde à vue les deux tireurs, ce qui n'est pas sans créer des tensions parmi les membres du GIGN qui s'attendaient à plus d'indulgence de la part du ministère public. Pour les deux militaires qui ont fait feu, la garde à vue pour violences avec usage ou menace d'une arme ayant entraîné la mort sans intention de la donner est un coup dur. Ils s'estiment traités comme des suspects.

Aux yeux du procureur, cependant, la mesure vise principalement à entendre les auteurs des tirs durant le temps nécessaire et à réaliser une remise en situation sur les lieux du drame, tout en permettant de montrer à la famille de la victime que l'affaire est prise au sérieux par la justice. Au moment où ces décisions sont prises, ses membres, toujours sous la garde des gendarmes, n'en savent toutefois rien. Pas plus qu'ils ne savent ce qui s'est passé dans la remise. Même s'ils se doutent de l'issue fatale de l'intervention du GIGN, les parents continuent d'interroger les agents sur ce qu'il est advenu de leur fils. Sans obtenir la moindre réponse. En signe de protestation, ils annoncent qu'ils ne veulent pas être auditionnés tant qu'on ne leur aura rien dit. Au bout de quelques heures, le magistrat du parquet, qui est rentré au tribunal de grande instance pour organiser la suite des procédures, reçoit un appel de l'officier présent sur place qui, de guerre lasse, suggère de les emmener de force. S'ils résistent, ils seront accusés de rébellion contre agent dépositaire de l'autorité publique, ajoute-t-il. Le procureur refuse cette solution qui ne peut que jeter de l'huile sur le feu alors que la situation est déjà tendue. Il revient donc sur les lieux pour tenter de convaincre le père, dont il devine qu'il jouit de l'autorité du chef de famille. Il lui explique qu'il veut savoir ce qui s'est réellement passé et qui a fait quoi. Cet objectif de connaître la vérité, poursuit-il, tous deux le partagent sans aucun doute. Il faut que les proches qui ont assisté à l'opération puissent dire ce qu'ils ont vécu, vu, entendu. Feignant d'ignorer que le fils de son interlocuteur a été tué, il s'engage, une fois les auditions réalisées, à s'enquérir de son état de santé et à transmettre les informations qu'il aura obtenues. Le père donne alors son accord. Il y met une condition : se rendre à la ville-préfecture dans leur propre voiture et non dans un véhicule des forces de l'ordre. Nouvelle négociation du procureur, cette fois avec l'officier pour obtenir l'autorisation de cet équipage peu réglementaire, lequel finit par rejoindre, escorté par des motards, les locaux de la compagnie de gendarmerie.

Après que les membres de la famille ont tous été entendus, le représentant du ministère public les réunit dans une petite salle. Il affirme bien connaître les manouches, car il a souvent affaire à eux, et bien les aimer. Il sait que le moment va être une épreuve, mais il est confiant dans la réaction des proches de la victime. Contre l'avis du responsable de l'unité de gendarmerie, il refuse par conséquent l'assistance de militaires pour ne pas exacerber les tensions déjà très vives. Seuls sont présents deux officiers. Cinq heures après les coups de feu dans la remise, le père, la mère, le frère, la belle-sœur, l'oncle et le fils vont enfin savoir ce qui s'y est passé. Le procureur commence par leur expliquer qu'il est toujours difficile d'accéder à la vérité vraie, mais il leur garantit qu'on s'emploiera à établir dans la transparence et dans la loyauté, avec tous les outils que la loi prévoit, une vérité, qu'on appellera vérité judiciaire, précise-t-il. Puis vient le moment délicat de ce qu'il appelle la révélation. Il leur annonce le décès et leur présente ses condoléances. Même s'ils s'attendaient à cette terrible nouvelle, les membres de la famille sont à la fois effondrés et en colère. Le fils s'emporte contre le magistrat, mais son grand-père parvient à le calmer. Le procureur leur dit alors qu'en raison des expertises qui vont devoir se dérouler sur les lieux du drame ils ne vont pas pouvoir rentrer chez eux, mais il les autorise à repasser à leur domicile pour chercher quelques affaires. Geste peu commun, pour tenter d'établir une relation de confiance, il donne à la mère son numéro de téléphone portable professionnel afin qu'elle puisse le joindre en cas de besoin. Au moment où les membres de la famille s'apprêtent à partir, il leur enjoint de tout faire pour éviter des débordements tels qu'ils se sont déjà produits lors d'un épisode similaire. Mais il sait que, de toute façon, des dispositions exceptionnelles ont été décidées, les forces de l'ordre ayant pris place sur tous les accès routiers des environs.

Pendant ce temps, le dispositif d'enquête se déploie. Il y a d'abord l'équipe dépêchée par l'Inspection générale de la gendarmerie nationale qui assure les auditions de l'ensemble des témoins, y compris des deux mis en cause, et rassemble tous les éléments en lien avec les violences ayant entraîné la mort sans intention de la donner. Il y a ensuite la saisine de la Section de recherches pour les violences contre agents dépositaires de l'autorité publique, puisque les gendarmes affirment qu'ils ont été agressés avant de tirer, même s'il est évident que, compte tenu de la mort de l'auteur présumé, l'extinction de l'action publique sera prononcée. Il y a enfin la réalisation d'une remise en situation en présence d'un expert en balistique de l'Institut de recherche criminelle de la gendarmerie nationale. Cette procédure est une sorte de reconstitution dont l'objectif est de vérifier si apparaît une contradiction ou une invraisemblance dans la manière dont ont été racontés et sont rejoués les faits. N'y participent toutefois pas les cinq membres de la famille qui en ont été les témoins, car, précise-t-il pour le procureur, ils n'ont rien vu d'intéressant, la scène s'étant passée dans la resserre. Selon lui, s'ils disent avoir entendu quelque chose, il est difficile de leur accorder du crédit car chacun entend ce qu'il veut bien entendre. La remise en situation implique une prolongation de la garde à vue des deux tireurs, qui se montrent très affectés par ce qu'ils disent être l'opprobre jetée sur eux par cette décision.

Au terme de cet ultime développement, ayant lu les procès-verbaux d'audition, parlé avec l'expert en balistique et pris connaissance des autres pièces du dossier, le représentant du ministère public est intimement persuadé que les gendarmes ont agi en situation de légitime défense, même s'il admet que le déroulement des faits tels qu'ils les rapportent paraît pour le moins difficile à comprendre. Qu'il y ait eu huit tirs dont cinq touchant leur cible lui semble toutefois paradoxalement montrer qu'il n'y avait pas volonté de donner la mort comme on aurait pu le croire si une seule balle avait visé la tête. Quant aux déclarations de tous les membres de la famille selon lesquelles les choses se sont passées en quelques secondes seulement, il ne les retient pas, car comment faire tenir en un intervalle si court les temps successifs dont parlent les gendarmes : l'entrée dans le local, la découverte de l'individu, la tentative de le saisir à mains nues, l'agression des agents avec le couteau, l'injonction répétée de se rendre, les deux tirs de Taser inefficaces, la poursuite effrénée de l'attaque, l'ouverture de feu finale. Puisqu'il est convaincu que les gendarmes disent la vérité, il ne peut en être de même pour les proches de la victime. La version des premiers récuse la version des seconds. De plus, s'il est clair pour lui que les hommes du GIGN n'étaient pas préparés à une telle situation et ont surdimensionné leur intervention, ils ont agi comme ils le devaient face à leur agresseur, en essayant de le dissuader d'utiliser son arme et en recourant à une gradation dans l'usage des leurs. Cette interprétation satisfait à tous les critères nécessaires à la démonstration de la légitime défense.

Dans les jours qui suivent, après avoir communiqué à la presse les premiers éléments de l'enquête, le procureur décide d'ouvrir une information judiciaire et donc de confier l'affaire à un magistrat instructeur. Il ne croit toutefois guère à l'intérêt de cette mesure, dont il voit mal comment elle pourrait aboutir à une conclusion autre que la sienne. C'est dire sa surprise quand, au terme de l'interrogatoire de première comparution des deux auteurs des tirs mortels, la juge d'instruction saisie du dossier les met en examen, signifiant par cette décision qu'elle considère qu'existent des indices graves et concordants de leur probable responsabilité dans la mort du voyageur. Le représentant du parquet s'attendait en effet à ce qu'elle choisisse de les placer sous le statut plus neutre de témoins assistés et comprend alors que sa collègue exprime à travers cette décision un doute manifeste sur leur version de l'affaire. Il en a d'ailleurs la confirmation lorsqu'il reçoit quelques mois plus tard un soit-transmis pour un transport sur les lieux qui, là encore, suggère que la juge souhaite une forme de reconstitution incluant cette fois les proches, qui s'étaient trouvés écartés de la remise en situation initiale. Il s'agit en particulier de prendre au sérieux leurs déclarations en vérifiant ce qu'ils pouvaient voir et entendre.

Le procureur ne saura pourtant jamais ce qu'aurait décidé la juge d'instruction au terme de son information judiciaire, puisque, dans le cadre d'un rapprochement de domicile, elle sera mutée dans une autre juridiction sans avoir rédigé son ordonnance de règlement. C'est donc un autre magistrat instructeur, entièrement novice dans la fonction, qui trouvera à son arrivée ce dossier délicat et devra le traiter en urgence sans avoir participé à l'information judiciaire.

Avec le recul, le procureur se dit qu'au fond ce drame se résume à une mauvaise rencontre entre un type, déterminé certes, mais armé seulement d'un couteau, et les militaires les plus entraînés et équipés qui soient dans notre arsenal des forces de sécurité intérieure. Les deux ne « matchent » pas, pense-t-il. On a choisi un dispositif extrême sans être capable de le réduire à la mesure des circonstances. Les hommes du GIGN n'ont pas su s'adapter à la situation. Mais pourquoi même avoir fait appel à eux ? Si on avait sollicité les gendarmes d'une brigade territoriale, est-ce qu'ils ne se seraient pas mieux débrouillés ? La morale de l'histoire, pour le magistrat, c'est que l'interpellation d'un membre de la communauté des gens du voyage n'a rien à voir avec la mise hors d'état de nuire d'un groupe de terroristes, mais que les militaires ne semblent pas l'avoir compris.

VIII
Le journaliste

Il titre le lendemain des faits : Un fugitif tué lors de son interpellation. La phrase barre la une du quotidien, au-dessus de la photographie d'un corps de ferme aperçu de loin devant lequel stationnent un camion et deux véhicules de gendarmerie. Puis le journaliste écrit : Les forces de l'ordre se sont présentées dans le bâtiment dans lequel l'évadé se trouvait en début d'après-midi. Le fugitif était connu comme un homme déterminé, potentiellement dangereux. Cinq personnes ont dans un premier temps été appréhendées. Le trentenaire a finalement été retrouvé. Plusieurs coups de feu ont été tirés dans des circonstances qu'une enquête déterminera et l'homme est décédé. Membre de la communauté des gens du voyage, le fugitif était connu de la justice pour avoir participé à des cambriolages avec un groupe de Parisiens surnommé « la bande des BMW ». Il a été condamné à une quinzaine de reprises, notamment pour des vols.

Le jour suivant, le journaliste titre cette fois : Les gendarmes auraient tiré pour se défendre. Puis il précise : Le procureur de la République est revenu sur les circonstances de l'opération de gendarmerie qui a tourné au drame. L'homme qui appartenait à la communauté des gens du voyage était en cavale depuis six mois. Il faisait l'objet d'un mandat d'arrêt. Il avait un lourd casier comportant surtout des faits de vol aggravé. Il était considéré comme potentiellement dangereux. À plusieurs reprises il a été interpellé en possession d'armes. C'est pourquoi les enquêteurs ont reçu le renfort de leurs collègues de l'antenne régionale du GIGN. Les gendarmes ont investi l'ancienne ferme où résident les proches du jeune gitan en cavale. À la recherche du fugitif, les militaires ont alors pénétré dans une petite dépendance plongée dans l'obscurité. La suite de l'article est une longue citation du procureur : L'homme se cachait au fond de la dépendance. Les gendarmes lui ont demandé de se rendre. Il s'est levé, les gendarmes sont venus à son contact, puis il a sorti un couteau et l'a exhibé en s'avançant avec des gestes circulaires menaçants. Les gendarmes ont reculé et ont utilisé le pistolet à impulsion électrique. Mais cela n'a pas eu l'effet escompté car il a réussi à arracher l'un des dards. Cela a manifestement amplifié sa volonté de ne pas être interpellé et il s'est rué sur un gendarme en tentant de lui porter des coups au niveau du visage et du cou. C'est dans ces conditions qu'un premier gendarme a fait usage de son arme, puis un second militaire a fait de même, ce qui lui a permis de le neutraliser. L'illustration de l'article est une capture d'écran du site Google Earth représentant un portail à travers lequel on entrevoit une caravane. C'est la ferme des parents où a eu lieu le drame.

La seule source des articles est le représentant du ministère public, qui reprend lui-même la version des hommes du GIGN. Le journaliste n'a pas cherché à rencontrer des membres de la famille. Il ne le fera du reste jamais au cours des années suivantes. Ce n'est pas son rôle. Il n'est pas enquêteur. Il est chroniqueur des faits divers et des affaires judiciaires de son département. Ce sont des sujets qui intéressent le public local. Des histoires de meurtres, de prédateurs sexuels, de femmes violentées, d'enfants martyrs, de procès en assises, mais aussi, plus banales, de vols à l'étalage, d'accidents de voitures, de rodéos de motos, de chutes de cheval, de feux de chaumes. La vie ordinaire au prisme des grands crimes et des petits accidents. Au palais de justice, il a ses entrées, ses contacts qui lui permettent d'être informé presque en temps réel des événements et d'en informer à son tour les lecteurs. Dans ses papiers concernant des dossiers entre les mains des magistrats, il rapporte généralement les éléments qui lui sont transmis par le parquet. Il en reprend ainsi la version officielle. Celle des autorités, qui dès lors devient celle qui fait autorité, le quotidien régional étant pour une grande partie de la population l'organe de presse de référence. Ce jour-là, il a simplement assisté à la conférence de presse du procureur et en a fidèlement restitué l'essentiel.

S'il s'efforce de rester factuel, d'éviter les analyses, de se garder de faire des commentaires, ses choix lexicaux et sa construction narrative ne sont pas neutres pour autant. L'homme recherché devient un fugitif, un évadé. Même si les articles rappellent qu'il n'a simplement pas réintégré la prison après une permission de sortir, l'usage de cette forme nominale réduit le voyageur à la seule dimension de cavale, avec une connotation bien plus inquiétante que ne l'est la réalité d'un homme qui rend fréquemment visite à ses parents, à ses enfants et à son ancienne compagne sans vraiment se cacher. D'autres indications d'apparence strictement descriptive renforcent encore l'impression défavorable, puisqu'il est potentiellement dangereux et connu de la justice pour avoir participé à des cambriolages. Même, il a été arrêté en possession d'armes, sans que soit indiqué qu'il s'agit de son couteau, objet dont les voyageurs ne se séparent jamais. La mention, presque anecdotique, qu'il fait partie de la communauté des gens du voyage ajoute le poids des préjugés à l'encontre de ce groupe, d'autant qu'est évoquée dans les deux articles la possibilité de désordres, comme ce fut le cas quelques années auparavant quand des incidents avaient éclaté à la suite, écrit le journaliste, de la mort d'un jeune gitan touché par le tir d'un gendarme. Tous ces éléments proviennent des informations fournies par le parquet qui sont scrupuleusement reproduites dans le journal.

Entre les deux papiers publiés à vingt-quatre heures d'intervalle, le portrait du défunt s'est d'ailleurs précisé. Et obscurci. On savait que l'homme avait été condamné à une quinzaine de reprises, notamment pour des vols. On apprend maintenant que son lourd casier comportait vingt et une mentions, concernant surtout des vols aggravés. On le savait potentiellement dangereux.

On apprend désormais qu'il a été plusieurs fois interpellé en possession d'armes. La représentation qu'en parcourant ces pages le lecteur se fait de lui rend ainsi plausible qu'il ait attaqué les militaires et que les tirs aient donc été nécessaires, ce à quoi son appartenance à la communauté des gens du voyage donne encore plus de vraisemblance. Ternie par les nombreux délits qu'il a commis et par l'agression dont il est censé s'être rendu coupable dans la resserre, cette image ne lui laisse guère de chance d'être vu comme la victime d'un acte violent des forces de l'ordre.

Par petites touches, le portrait, qui cadre avec les actes dont on l'accuse, s'imprime dans l'esprit du public qui peut dès lors se montrer réceptif à la version présentée par le procureur. Alors que le premier papier parlait de faire la lumière sur les conditions dans lesquelles se sont déroulés les faits, le second commence par une affirmation certes encore prudente : La thèse de la légitime défense semble privilégiée, mais celle-ci est précédée d'un chapeau bien plus assertif : Le fugitif a brandi un couteau pour s'attaquer aux gendarmes. Le fait que la famille conteste vigoureusement le récit des militaires n'est nulle part mentionné. Il ne le sera pas dans le quotidien régional avant plusieurs semaines, au demeurant de manière allusive, lorsqu'un autre chroniqueur relatera cette fois la mobilisation du collectif créé pour demander justice.

IX

Dignité

C'est pour elle que la famille se bat. La dignité d'Angelo dont elle est convaincue qu'il a été tué sans raison ni sommation. La dignité de sa mémoire salie par un discours public qu'elle juge dégradant et falsifié. La dignité de ses parents outragés, humiliés et traités comme des criminels lors de l'opération militaire. La dignité des voyageurs toujours représentés de manière défavorable, dénigrés, rabaissés, marginalisés, regardés comme des citoyens de deuxième classe.

Lorsque, le soir du drame, le procureur de la République a salué ses parents, leur a annoncé le décès de leur fils, leur a présenté ses condoléances, puis a immédiatement ajouté : J'espère que les choses ne vont pas se passer comme en 2010, ils ont compris. Sa préoccupation, se sont-ils dit, c'était avant tout le risque de débordements, selon ses termes. Il faisait référence à des événements qui s'étaient déroulés sept ans plus tôt dans la région. Ayant pris la fuite après un vol de vingt euros à un jeune homme qui venait de retirer de l'argent à un distributeur automatique de billets, un voyageur de vingt-deux ans avait été tué par un gendarme à un barrage. Dans sa version, initialement retenue par le parquet, le militaire affirmait qu'il se trouvait en état de légitime défense, menacé par le véhicule qui ne s'était pas arrêté. Le récit du frère de la victime, au volant lors du drame, faisait état de tirs sans sommation alors qu'il ralentissait. Dans les heures qui avaient suivi la mort du jeune homme, sur la place du village, la gendarmerie avait subi des dégradations, du mobilier urbain avait été détruit et plusieurs arbres avaient été abattus. Fortement médiatisée, cette réaction avait donné lieu à un important déploiement de forces de l'ordre et à une série d'interpellations.

Douze jours plus tard, le président de la République avait prononcé une allocution, connue depuis lors comme le « discours de Grenoble ». Mêlant les récents incidents et des émeutes urbaines survenues peu avant à la suite de la mort d'un braqueur abattu par la police, il annonçait le lancement d'une guerre contre les trafiquants et les délinquants, le renforcement des sanctions pénales pour les auteurs de violences contre des agents dépositaires de l'autorité publique, l'introduction de la déchéance de la nationalité pour les personnes d'origine étrangère coupables de telles agressions, le durcissement de la lutte contre l'immigration illégale et le démantèlement des campements non autorisés de roms. À l'amalgame déjà ancien entre criminalité et immigration, le chef de l'État ajoutait donc une prétendue question rom. C'était le point de départ d'une nouvelle politique sécuritaire, le discours se traduisant notamment par l'éloignement du territoire de milliers de roms. L'opération d'expulsion était immédiatement condamnée par la Commission européenne, les Nations unies et même le pape. Pour beaucoup, les événements de 2010 ont ainsi servi de prétexte à une recrudescence de la stigmatisation et de la répression des voyageurs au niveau national. Leur évocation par le procureur, sous la forme d'un avertissement à peine voilé, ne pouvait donc pas manquer de heurter les parents auxquels il venait d'apprendre le décès de leur enfant.

En entendant son père et sa mère lui répéter la remarque du magistrat, la sœur s'indigne. L'association automatique établie entre voyageurs et violences la blesse. Les violences ne viennent-elles pas des forces de l'ordre ? se demande-t-elle. Non seulement la violence à laquelle a succombé son frère, mais également celle qu'on a imposée à ses proches. Et plus largement, la violence du principe même de l'opération du GIGN, comme si l'interpellation d'un voyageur accusé de délits somme toute mineurs supposait le déploiement de moyens exceptionnels habituellement réservés aux prises d'otages et aux actes de terrorisme. La mise en garde du procureur et ce qu'elle dévoile de la manière dont les autorités les considèrent sont comme un déclic. Il ne faut pas tomber dans leur piège, pense la sœur d'Angelo. Il ne faut pas entrer dans cette logique qui profite aux autorités parce qu'après on n'entend plus parler de la personne qui a été tuée, mais seulement des incidents qui ont suivi. Il ne faut pas qu'ils puissent déclarer : Regardez la manière dont se comportent ces gens-là, on vous l'avait bien dit. C'est vrai, admet-elle, que sur le coup on ressent une telle colère devant tant d'injustice qu'on voudrait se révolter. Mais cette réaction serait immédiatement récupérée pour légitimer la répression à leur encontre. Et puis, il ne faut pas se tromper de cible en brûlant les voitures et en brisant les vitrines de gens qui n'ont rien à voir avec leur histoire. Après la mort de son frère, certains ont voulu aller casser, mais elle les en a dissuadés. Ça conforterait les gens dans leurs préjugés, leur a-t-elle dit. Dans leur mépris et dans leur peur des voyageurs.

C'est ce mépris et cette peur qui conduisent à ce qu'on les rejette aux marges de la cité. Indésirables et redoutés. Tous le savent. Il y a un signe qui ne trompe pas. Lorsqu'ils arrivent dans un lieu qu'ils ne connaissent pas, s'ils ne trouvent pas d'indications concernant l'aire d'accueil des gens du voyage, comme sont officiellement appelés les emplacements qui leur sont réservés, ils cherchent les panneaux qui montrent la direction de la déchetterie ou de la station d'épuration. C'est toujours là qu'on les autorise à s'installer. À proximité des rebuts ou des pollutions. Loin des yeux, près des ordures. Qui se préoccupe de ce que signifie cette assignation à des lieux souillés physiquement et symboliquement ? Qui s'interroge sur ce que peuvent ressentir les voyageurs en se voyant ainsi cantonnés dans des zones indignes et insalubres ? Encore faut-il d'ailleurs qu'ait été respectée la loi du 5 juillet 2000 qui oblige les villes de plus de cinq mille habitants et les communes désignées dans le cadre du schéma départemental à réaliser de tels espaces. Près de deux décennies après le vote de la législation, malgré les incitations financières des pouvoirs publics et les sanctions prévues mais rarement appliquées à l'encontre des municipalités qui contreviennent à leurs obligations, seulement les deux tiers des places prévues ont été aménagées sur le plan national, ce taux s'abaissant même à dix ou à quinze pour cent dans les départements les plus riches.

Ainsi le rejet des voyageurs se traduit-il à la fois par leur exclusion presque totale de certains territoires, en violation d'une loi mollement mise en œuvre, et par leur relégation dans nombre d'autres, qui certes la respectent mais où ils sont tout juste tolérés, tandis que l'insuffisance chronique d'emplacements les conduit à occuper irrégulièrement des terrains, ce qui ajoute à leur stigmatisation dans la population, à leur répression par les autorités et à leur précarisation. Le père et la mère d'Angelo, eux, ont depuis longtemps évité ces platz, terme romani désignant les aires d'accueil, car ils sont souvent incommodes et surpeuplés, de surcroît sans véritable possibilité de rassembler les membres d'une même famille en raison des formalités administratives imposées. Pour être ensemble, ils se sont installés d'abord sur un terrain appartenant aux parents du père, puis à la mort de ces derniers dans la ferme des parents de la mère. C'est là que leur fils a été tué.

Le lendemain du drame, alors qu'ils sont de retour au domicile familial, épuisés, accablés, défaits, ils décident de ne pas en rester là. Ils se disent qu'ils ne peuvent pas laisser dire et croire les mensonges qu'ils ont lus et entendus. Il leur faut faire quelque chose. Le père d'Angelo veut porter plainte. Mais aller à la gendarmerie pour accuser des gendarmes d'homicide ? Eux, des voyageurs, demandant justice pour un des leurs, présenté comme délinquant multirécidiviste, abattu alors qu'il s'était évadé de prison et qu'il est censé avoir agressé les militaires venus l'arrêter ? Qui les écoutera ? Est-ce que, même, on enregistrera leur plainte ? La partie est perdue d'avance. Et puis, le procureur a annoncé à la presse qu'il a diligenté une enquête. Il faut donc attendre. Même s'il est difficile de croire en la neutralité d'une telle investigation, il n'y a pas grand-chose d'autre à faire du côté de la justice. Pourtant, pensent-ils, on ne peut pas ne pas agir.

C'est la sœur d'Angelo qui prend l'initiative. Devant une caméra, elle enregistre dans sa caravane une déclaration de sept minutes, s'adressant à une audience virtuelle, sans savoir encore ce qu'elle fera de son témoignage. Je parle avec mes mots, se justifie-t-elle. On est ce qu'on est. Mais on n'est pas des chiens. On a droit à la vérité. Bouleversée autant que révoltée, elle conteste la version présentée à la télévision par le procureur, lui rappelant qu'il a simplement oublié de mentionner la présence sur les lieux du drame de cinq membres de sa famille qui témoignent d'un tout autre déroulement des faits. Ils attestent qu'ils n'ont rien entendu avant les coups de feu mortels, qu'il n'y a eu ni bruits suggérant une bagarre ni cris enjoignant de se rendre. Les militaires ont coincé son frère comme un rat dans la grange où il s'était réfugié. Pour elle, c'est une exécution. Il n'y a pas d'autre mot. Car on n'envoie pas des commandos de militaires pour interpeller un individu comme lui. On le fait pour des gens vraiment dangereux. Alors, elle prévient. À chaque fois que des gendarmes ou des policiers tuent des gitans ou des Arabes, ce sont les mêmes manipulations de la vérité. Mais ça ne peut plus durer. Cette fois, ils ne se laisseront pas faire. Il faut que ça s'arrête, il faut que ça s'arrête, répète-t-elle avec émotion. Un peu plus tard, elle montre la vidéo à son père, qui lui dit qu'il faut la publier. Une cousine la poste sur YouTube. Dans les jours qui suivent, l'enregistrement fait le tour des réseaux sociaux des milieux militants locaux et même nationaux.

Quelques heures après, la fondatrice d'un collectif de lutte contre les violences policières prend contact avec elle. Son frère a été, lui aussi, tué par les forces de l'ordre. Lui aussi était un multirécidiviste et lui aussi était recherché comme évadé pour ne pas être rentré au terme d'une permission de sortir. En première instance, le policier qui avait fait feu a été disculpé au titre de la légitime défense bien que le tir mortel ait atteint la victime dans le dos. En appel, le jugement a cependant été inversé après que son collègue, qui était son seul témoin, avait avoué avoir menti. Le gardien de la paix a donc été condamné à une peine de cinq ans de prison avec sursis et interdiction de porter une arme pendant cette période. L'acte d'accusation concernait des violences volontaires ayant entraîné la mort sans intention de la donner. Une infraction punie au maximum de quinze ans de réclusion criminelle. La même que celle concernant les deux gendarmes qui ont tiré sur Angelo. La peine était certes très légère au regard de ce que risquait le policier, mais c'était tout de même un début de reconnaissance qu'il existe des limites à l'impunité dont jouissent souvent les forces de l'ordre. Le procès en appel a eu lieu trois semaines seulement avant le drame survenu dans la resserre et c'est donc encore sous le coup de cette décision de justice exceptionnelle à l'encontre d'un policier que la sœur d'Amine téléphone à la sœur d'Angelo. Pour partager avec elle son expérience. Pour l'encourager à faire valoir ses droits. Pour lui suggérer de déposer plainte avec constitution de partie civile. Pour lui expliquer que cette démarche n'implique pas pour eux d'aller à la gendarmerie. Elle lui donne les coordonnées de son avocate. Deux jours plus tard, la sœur et son frère cadet se rendent à Paris et rencontrent cette dernière, qui accepte de les défendre. Je ne suis pas là pour vous vendre du rêve, les prévient-elle. Dans ces affaires-là, c'est David contre Goliath. Mais le cas d'Angelo la touche. Elle le leur dit. Ils comprennent que ce ne sera pas pour elle un simple dossier. Ils se sentent, pour une fois, pris en considération. Elle a été humaine avec nous, commentent-ils en sortant du rendez-vous.

Dans les jours qui suivent, les soutiens se multiplient. Des rencontres ont lieu. On réfléchit à la meilleure riposte à la machine judiciaire et médiatique qui a déjà établi sa version des faits. On suggère d'organiser une marche. Dans la famille, personne n'y avait songé. Il est vrai que ça n'est pas dans les pratiques habituelles de leur communauté. Mais l'idée semble bonne. Une manière de démentir les craintes du procureur à propos de l'éventualité de désordres et de montrer l'inutilité du déploiement des gendarmes aux alentours de leur maison. Ne pas répondre à la violence par la violence, pense la sœur d'Angelo. Il faut faire quelque chose qu'on n'a jamais fait en tant que voyageurs. Ce sera marcher.

X
Mobilisation

Elle a commencé dès que l'enregistrement de la sœur d'Angelo a été mis en ligne. La vidéo a circulé dans les réseaux sociaux, bientôt relayée par une association rom et des collectifs de familles dont un membre est mort lors d'interactions avec les forces de l'ordre. Une cagnotte a été créée presque immédiatement. C'est elle qui a permis de régler les mille cinq cents euros pour engager la procédure de dépôt de plainte. C'est grâce à elle aussi que les trois mille euros des obsèques ont pu être payés. La prise en compte de ces questions pratiques, notamment financières, est primordiale dans ces mobilisations contre les violences des forces de l'ordre qui impliquent presque toujours des personnes aux revenus modestes. À cette solidarité, des militants locaux de la lutte contre le racisme et les discriminations, de la cause altermondialiste et de la gauche radicale prennent activement part.

En quelques jours, un collectif se forme. Peu nombreux, mais efficace. En recherche de modalités d'action non violente. Respectueuses du cadre légal, et particulièrement de l'existence d'une procédure judiciaire conduite parallèlement, procédure à l'indépendance de laquelle ils veulent croire. Respectueuses surtout de la volonté des proches, à la lumière de l'expérience douloureuse d'une mobilisation récente qui visait à dénoncer les conditions de la mort d'un jeune homme d'origine africaine tué par la police et qui avait avorté à la suite de pressions exercées sur sa famille par les autorités. Un site collaboratif qui traite d'informations locales en relayant la parole des personnes concernées sans l'habituel filtre journalistique et qui fait partie d'un réseau national de médias alternatifs joue un rôle important. D'abord en transcrivant partiellement, quatre jours après sa diffusion, le texte de la vidéo de la sœur. Ensuite en rédigeant, une semaine après le drame, un article qui présente une autre version que celle publiée par la presse régionale. Enfin en annonçant le premier rassemblement à la mémoire d'Angelo, qui se tient devant le tribunal de grande instance moins d'un mois après les faits. Un rassemblement pour réclamer justice et vérité.

La manifestation est déclarée. Elle réunit deux cents personnes, peut-être plus. Principalement des gens de la région. Mais également, des représentants de collectifs demandant justice et vérité pour d'autres victimes des forces de l'ordre, venus de tout le pays. Il y a aussi des membres de la famille élargie d'Angelo. Relativement peu, mais tout le monde sait que marcher ne fait pas partie du répertoire d'action des voyageurs. Du reste, parmi ceux qui sont venus, certains auraient eu envie de se confronter plus directement aux forces de l'ordre, tenues dans leur ensemble pour responsables de tous les drames dans lesquels des voyageurs ont récemment perdu la vie. Ces dernières demeurent cependant discrètes, presque invisibles, évitant toute provocation. Un agent du renseignement territorial et quelques policiers municipaux se tiennent à l'écart de la manifestation. Des renforts de police et de gendarmerie nombreux dans et autour de la ville se maintiennent à distance, mais prêts à intervenir.

Les choses se passent bien. La sœur d'Angelo prend la parole, de même qu'un homme presque centenaire, considéré comme héros de la communauté manouche pour s'être évadé des camps de concentration nazis et être entré dans la Résistance pendant la Seconde Guerre mondiale. Peu après la manifestation, le quotidien local l'évoque en une et publie un long article en pages intérieures. La parole y est pour la première fois donnée à la famille qui peut y faire entendre sa mise en cause de l'intervention violente du GIGN. La journaliste donne par ailleurs à l'événement une note humaine en évoquant le plus jeune fils d'Angelo qui criait : Pas de justice, pas de paix ! dans un mégaphone, en s'interrompant pour pleurer. Du point de vue des organisateurs, c'est un triple succès. Parce que la mobilisation permet qu'on parle des faits dans d'autres termes que ceux de la version officielle du parquet. Parce qu'une telle protestation pacifique après la mort de l'un des leurs est pratiquement une première dans l'histoire des voyageurs. Parce que, surtout, on leur reconnaît que la manifestation s'est déroulée dans le calme et la dignité, des mots si rarement associés à la communauté des gens du voyage.

Après cette première action réussie, il leur importe de ne pas laisser retomber la pression pour faire entendre leur demande de justice et de vérité. La tâche est cependant rendue ardue par le fait que le collectif qui porte cette demande est à la fois peu nombreux et peu soutenu. D'une part, l'effectif des membres réellement actifs, presque exclusivement des femmes, atteint à peine la demi-douzaine, même si plusieurs dizaines de personnes se joignent régulièrement à elles à l'occasion d'organisations d'événements. D'autre part, au niveau local, les collectivités territoriales, les partis politiques, les syndicats et même les associations se montrent, à quelques exceptions près, peu enclins à apporter leur caution à une cause concernant des voyageurs. Malgré ces handicaps, la mobilisation s'avère durable, attentive à ce que soit évité tout désordre qui décrédibiliserait la communauté et déplacerait le débat de la brutalité des forces de l'ordre vers les troubles provoqués en réponse.

Dès l'enregistrement de la vidéo qui a suscité le mouvement, la sœur d'Angelo a montré son souci de lier la tragédie qu'elle venait de vivre à d'autres drames dans lesquels des adolescents et des hommes ont trouvé la mort au cours d'interactions avec la police dans les quartiers populaires. Elle a relevé le fait que les victimes appartenaient toujours à des minorités ethno-raciales et que, finalement, au-delà de leurs différences, celles et ceux qui défendent leur mémoire partagent la même expérience des forces de l'ordre et des pratiques de la justice.

Lorsque la mobilisation a commencé, cet élargissement de la cause s'est immédiatement réalisé. Des liens se sont noués avec d'autres familles. Celle de Lamine Dieng, homme de vingt-cinq ans, mort à Paris dans un véhicule de police après une violente arrestation au cours de laquelle il a été entravé, maintenu au sol face contre terre et immobilisé à l'aide d'une technique considérée comme dangereuse ; un non-lieu a été ordonné et confirmé en appel dix ans après les faits. Celle de Wissam El-Yamni, homme de trente ans interpellé à Clermont-Ferrand pour avoir jeté une pierre sur un véhicule de police, brutalisé par les forces de l'ordre et tombé dans le coma au commissariat, qui est mort neuf jours plus tard d'un arrêt cardio-respiratoire consécutif à une manœuvre de contention dite de pliage ; aucune décision de justice n'était encore intervenue sept années plus tard. Celle d'Adama Traoré, homme de vingt-quatre ans, interpellé à Beaumont-sur-Oise et qu'on a trouvé mort quelques heures plus tard dans une gendarmerie des suites d'une asphyxie liée à la pratique d'un plaquage ventral, selon les expertises médicales ; trois ans plus tard, l'instruction était toujours en cours.

Ce qu'ont en commun ces histoires, et nombre d'autres, ce sont le retard à informer la famille du décès, parfois même à lui rendre le corps, la sympathie d'emblée manifestée par le parquet pour la version des forces de l'ordre, souvent aidé en cela par des rapports médicaux disculpant ces dernières, et la lenteur de la procédure judiciaire, généralement conclue par un non-lieu exonérant les agents mis en cause. Mais ce qui distingue ces familles de beaucoup d'autres pareillement endeuillées, c'est l'énergie déployée par leurs membres, fréquemment les sœurs des victimes, pour réclamer justice et vérité ; c'est leur capacité à mobiliser non seulement les proches et les amis, mais également des militants de causes diverses et même des citoyens sans engagement particulier qui découvrent cette réalité de la violence des forces de l'ordre ; et c'est enfin leur volonté de ne pas oublier, de ne pas accepter les récits officiels, de ne pas se contenter de décisions judiciaires prévisibles.

Ainsi s'est constitué un réseau de plusieurs collectifs qui se battent pour la reconnaissance et la réparation des vies volées, pour reprendre le nom de l'un d'eux. Même s'il ne faut pas minimiser les divisions et les conflits, parfois pour des rivalités personnelles présentées sous les habits de divergences idéologiques, il n'en est pas moins remarquable que de telles solidarités se soient créées à travers le pays. Du reste, en raison de son ancrage provincial, le collectif Justice pour Angelo est parvenu à se tenir à l'écart de ces tensions. Aux nombreux événements qu'il organise participent des représentants des autres mobilisations. C'était le cas pour les concerts de soutien, le débat public sur la prison, la projection d'un cinétract réalisé par un autre collectif, et les commémorations des deux mois, des six mois, du premier anniversaire, du deuxième anniversaire de la mort d'Angelo, car pour les proches, la mémoire du défunt doit rester vivante. En retour, le collectif s'est joint aux manifestations pour Lamine Dieng, Wissam El-Yamni, Adama Traoré, et d'autres, de même qu'au collectif Rosa Parks contre le racisme structurel. En ces diverses occasions, la sœur d'Angelo a fréquemment pris la parole. Une parole d'autant plus forte qu'elle est rare de la part des voyageurs dans les mouvements de lutte contre les discriminations et les violences policières. Parole de minorités, nous sommes la majorité ! affirme un tract du collectif Justice pour Angelo. La jeune femme et ses camarades de lutte tracent ainsi une sorte d'improbable trait d'union entre gens des quartiers et gens du voyage. Improbable, car dans le passé les relations ont souvent été difficiles entre les deux.

Localement, une tentative de développer un programme d'éducation populaire dans une zone urbaine sensible de la ville-préfecture a même été conduite. L'idée était que les jeunes hommes des minorités, qu'ils soient noirs, arabes ou gitans, partagent des expériences similaires de stigmatisation et de marginalisation, de brutalités policières et de contrôles au faciès, de passages au tribunal et de peines de prison, expériences qui se reproduisent d'une génération à la suivante et qui finissent ainsi par se banaliser, y compris pour ceux qui les subissent. Il fallait donc briser cette tendance à la normalisation des pratiques d'exception de la société à leur égard. Le projet n'a toutefois jamais pu être mené à bien, les longues tractations avec la municipalité n'ayant pas abouti. Mais la volonté de jeter un pont entre les luttes, de sortir la cause des voyageurs d'un possible isolement dans la culture rom défendue par certaines associations, et de penser la solidarité de façon transversale dans les enjeux de discrimination et de racisme n'a cessé d'animer le collectif Justice pour Angelo depuis sa création.

Plus difficile a été d'établir les mêmes relations entre mobilisations pour les victimes de violences policières appartenant à ces minorités et mobilisations pour les victimes de violences policières survenant lors de manifestations de rue. Cette segmentation des combats n'est pas nouvelle. Elle tient au moins à deux raisons. D'abord, les conditions de survenue de ces violences sont distinctes et s'inscrivent dans des dispositifs différents. Les violences policières contre les minorités procèdent de tensions quotidiennes s'exacerbant lors de certaines interpellations et elles relèvent de ce qu'on appelle la sécurité publique. Les violences policières contre les manifestants se produisent lors d'événements occasionnels et elles procèdent de pratiques dites de maintien de l'ordre public. Ensuite, les populations concernées par ces dispositifs, et donc les victimes de ces violences, n'appartiennent pas aux mêmes milieux sociaux et ne résident pas dans les mêmes endroits. L'expérience des jeunes hommes de milieu populaire d'origine immigrée habitant des cités a peu en commun avec l'expérience des membres des classes moyennes participant à des rassemblements en centre-ville. Les uns et les autres se rencontrent peu, plus rarement encore dans les luttes.

Cependant, le durcissement récent des politiques gouvernementales en matière de répression et la sensibilisation croissante aux brutalités policières qui en est résultée ont conduit à l'amorce d'un rapprochement entre les deux démarches. Le mouvement des gilets jaunes a représenté, à cet égard, un tournant, avec les centaines de blessures graves causées par l'utilisation de lanceurs de balles de défense et de grenades de désencerclement. Lors de l'Acte 12, la manifestation parisienne avait pour mot d'ordre : Stop aux violences policières. Des quartiers populaires aux gilets jaunes ! Trois mois plus tard, à la marche dite des deux ans après l'intervention mortelle du GIGN, qui avait lieu un samedi, participaient à la fois des gilets jaunes, dont certains venus d'une ville voisine, et des voyageurs, sous le drapeau rom avec sa roue à seize rayons. Mais à la différence de ce qui s'était passé dans des agglomérations plus grandes de la région où des heurts avaient eu lieu entre manifestants et forces de l'ordre, les affrontements avaient pu cette fois encore être évités.

À l'occasion de l'une de ces actions publiques, la sœur d'Angelo avait dit, à l'intention des membres des autres collectifs réunis en mémoire de l'un des leurs : L'égalité, pour nous, ça n'existe pas. La fraternité, il ne nous reste que ça. Elle avait ajouté : Quand on marche pour un, on marche pour tous. Les formules avaient frappé. Elles sont restées.

XI

Deuil

Comment pourrait-il se faire ? Si la sœur d'Angelo dit parfois que la lutte est sa thérapie, elle ne la guérit pas de la perte de son frère. Sa mort est une plaie qui ne se referme pas. Et qui ne peut se refermer tant que, du point de vue de la famille, la vérité n'est pas dite ni la justice rendue. Il n'est pas de jour où les parents et leurs enfants n'évoquent ce qui s'est passé cet après-midi-là, ne maudissent ceux qu'ils appellent les tueurs, ne se désolent des décisions qu'a prises le magistrat instructeur de ne pas renvoyer aux assises. Depuis le drame, leur vie est bouleversée. Ils ne parviennent pas à s'extraire de cette séquence de violences et d'humiliations qui a abouti à la mort de leur fils et de leur frère. L'annonce de la mise en examen des deux gendarmes auteurs des tirs par la première juge d'instruction avait été vue comme un signe encourageant. L'ordonnance de non-lieu de la seconde a été un coup de massue. Un peu d'espoir subsistait cependant avec la procédure d'appel. Il s'est évanoui avec la confirmation de la décision initiale. Non qu'ils aient eu véritablement confiance dans la justice. Ils savent depuis toujours comment elle traite les voyageurs. Mais tout de même, les circonstances du décès étaient, à leurs yeux, si évidemment révoltantes, anormales, injustifiables qu'il leur était apparu que n'importe quel magistrat impartial serait en mesure de s'en rendre compte. Après l'échec du dernier recours, ils s'étaient sentis trahis. On ne les avait d'ailleurs même pas laissés assister à l'audience de la chambre d'instruction de la cour d'appel qui s'était tenue à huis clos. Probablement parce qu'on avait eu peur des réactions de la famille. Comme si elle n'avait pas suffisamment montré sa capacité à se contenir lors des différents événements qu'elle avait organisés.

Dans la journée qui a suivi le drame, la sœur d'Angelo s'est rendue au tribunal pour demander une assistance psychologique auprès du service d'aide aux victimes. Pas pour elle-même, a-t-elle précisé. Pour ses parents qui ont vécu la mort de leur fils sans pouvoir rien faire pour l'éviter et qui sont terrassés par la douleur. Pour son petit garçon aussi qui était présent lors de l'intervention et dont il était difficile de savoir quelle pourrait être la réaction après un événement aussi bouleversant. On ne peut rien faire pour vous, lui a répondu la personne qui la recevait. Mais tout de même, a-t-elle insisté, lorsqu'il y a un attentat, un accident de car, un suicide dans une école, il y a toujours une cellule psychologique pour apporter un soutien aux personnes affectées. Ses parents ont été les témoins, avec l'opération du GIGN, d'une véritable scène de guerre. Et on a tué leur enfant. Son interlocutrice s'est dite désolée. Elle a appelé quelqu'un qui lui a expliqué que le mieux serait de consulter leur médecin de famille. La sœur d'Angelo a compris qu'on établit une distinction entre les proches de victimes réputées innocentes et les proches de victimes présumées coupables. Aux uns on suppose un traumatisme méritant le concours de spécialistes de santé mentale. Aux autres non. Les premiers ont droit à la compassion. Aux seconds on témoigne de l'indifférence.

Après qu'ils sont rentrés chez eux, les proches d'Angelo ont dû organiser les obsèques. Le corps avait été transporté à l'institut médico-légal situé à une soixantaine de kilomètres. Lorsqu'on leur a dit qu'ils pouvaient le récupérer, ils ont pensé qu'on allait le leur apporter. On les a détrompés. C'est à eux qu'il revenait de s'occuper du retour et d'en payer les frais. Dans la communauté des gens du voyage, le mort est habituellement veillé pendant plusieurs jours à son dernier domicile en présence de la famille élargie. Compte tenu des circonstances exceptionnelles du décès, la décision a cependant été prise d'emporter le corps au service des pompes funèbres de la ville-préfecture, les parents l'imaginant mal chez eux, criblé de balles, découpé et recousu par l'autopsie, présence funeste et douloureuse leur rappelant les conditions tragiques de sa mort.

La veillée funéraire a duré cinq nuits. Cinq nuits blanches. Le voisin, un viticulteur à la retraite, a aimablement prêté son champ, qui jouxte la ferme familiale, afin que puissent s'y installer les nombreux visiteurs. Chaque soir, quatre-vingts personnes, parfois même plus, se sont réunies autour de feux pour honorer le défunt et évoquer son souvenir en buvant du café. Mais ses parents, frère, sœurs et enfants, encore trop sous le choc de sa mort violente, étaient incapables de participer à ces conversations. Abasourdis par la tragédie et tourmentés par les conditions dans lesquelles elle s'était produite, ils ne parvenaient pas à trouver la sérénité qui sied normalement à ces veillées et cherchaient à se retrouver dans l'intimité de leur petit cercle familial pour parler entre eux de ce qui venait de se passer. Se joindre au collectif leur était trop pénible. Le jour, ils étaient absorbés par toute une série de tâches pratiques pour régler des questions administratives, organiser les obsèques, rencontrer l'avocate, porter plainte. L'enterrement a eu lieu le sixième jour à quelques kilomètres de leur domicile, dans le cimetière où sont inhumés tous les membres de la famille. On a mis le cercueil dans le caveau où se trouvait déjà celui du grand-père.

Il a fallu des mois pour que les proches commencent à se remémorer les moments agréables passés avec Angelo au lieu de ressasser à longueur de journée le déroulement de ses derniers instants en exprimant leur ressentiment à l'encontre des forces de l'ordre et des institutions de justice. Il a même fallu plus de deux ans pour qu'ils se sentent la force de refaire une grillade tant la pensée du barbecue et les odeurs de viande les replongeaient malgré eux dans le cauchemar de l'arrivée des militaires dans leur propriété. Souvent, la nuit, le père se réveille sans pouvoir se rendormir. Alors, il se met à la fenêtre, allume une cigarette, pense à son fils et revit le drame. Trois ou quatre fois par semaine, la sœur se rend sur la tombe de son frère et en arrose les plantes. Lorsqu'elle reste quelques jours sans y aller, elle sent que ce pèlerinage lui manque péniblement.

Paradoxalement, Angelo est ainsi plus présent parmi les siens mort que vivant. Quand il était en prison et même lorsqu'il était dehors, il leur arrivait souvent de ne pas le voir et de ne pas avoir de ses nouvelles pendant des mois. Il ne leur manquait pas. Ils savaient que telle était sa façon d'être au monde. Incertaine et précaire. Mais son décès a provoqué dans leur existence une béance que l'attitude des autorités et les décisions des magistrats n'ont fait que creuser un peu plus. La pensée de cette tragédie à laquelle la société n'a pas su apporter une conclusion qu'ils jugeraient honorable les accompagne au quotidien.

La douleur ne tient pas seulement à l'absence d'Angelo, à la perte d'un fils ou d'un frère. Pas seulement même à ce que ses proches perçoivent comme l'injustice de la justice. Il y a, dans les conditions mêmes de sa mort, une indignité que, probablement, ni les gendarmes ni les magistrats ne peuvent saisir, tant ils l'associent déjà plus ou moins consciemment à ce que sont les voyageurs. Il suffit, pour s'en rendre compte, d'entendre comment, souvent, ils parlent de leur communauté, de constater comment les proches ont été malmenés dans la propriété familiale, d'observer comment leur parole a été marginalisée ou déformée au cours l'enquête. Cette indignité, c'est d'être mort traqué comme un rat, se répètent entre eux les membres de la famille. Coincé dans un réduit, traîné dans la poussière, sali dans cet ultime moment. Un détail revient sans cesse dans les conversations. Angelo avait les pieds nus dans ses chaussures de tennis quand il est mort. Les voix se brisent et les larmes perlent lorsqu'ils évoquent cette pensée. Mais qui comprendra que l'indignité puisse résider dans un fait aussi infime, un fait qui, pour les siens, représente pourtant une irréparable souillure ?

Dans un coin du jardin de la maison familiale, une berline blanche est stationnée. C'est la dernière voiture d'Angelo. Celle avec laquelle il s'était rendu chez ses parents pour y déjeuner. Celle dans laquelle il se déplaçait d'un lieu à l'autre de la région comme le nomade en mouvement qu'il avait toujours été depuis son adolescence et qu'il était plus encore du fait des circonstances que les journaux appelaient sa cavale. Celle dans laquelle il dormait à côté de son fils dans la campagne environnante, moins pour se cacher des gendarmes qui auraient pu facilement le trouver lorsqu'il rendait visite à son ancienne compagne ou à sa fille aînée que pour éviter à ses éventuels hôtes d'un soir les ennuis d'héberger un évadé au cas où il se ferait prendre. Celle dans laquelle il aurait pu, à quelques minutes près, se faire interpeller comme son fils l'a été, sans violence des forces de l'ordre. Si les choses s'étaient déroulées de cette façon, il serait encore vivant.

Depuis deux ans et demi, la voiture n'a pas bougé. On l'a garée dans la propriété peu après le drame et elle n'a pas changé de place depuis lors. Personne n'y touche. Les enfants n'ont pas le droit de jouer dedans. Rien n'a été modifié à l'intérieur. Il y a toujours le sac de couchage dans lequel il s'enveloppait la nuit, un coussin sur son siège, une paire de chaussettes, une bouteille de soda vide, humbles traces d'une existence itinérante et fragile, celle d'un voyageur qui, à la différence des autres membres de sa famille, n'avait jamais réussi à se sédentariser vraiment. Ou plutôt ne l'avait jamais voulu. De l'encombrante mais précieuse relique, le père répète sans conviction qu'il faudra bien un jour s'en débarrasser, mais sa fille insiste pour qu'on la laisse telle qu'elle était en ce jour fatal où les gendarmes lui ont pris son frère. Parfois, confie-t-elle avec tristesse, elle s'assoit à ce qu'était sa place, derrière le volant, pour être en pensée avec lui.

XII

Biographie

Celle d'Angelo a deux versions bien différentes. Il y a la biographie reconstituée par la justice et reproduite par les journalistes. Elle se réduit à un casier judiciaire sur lequel figurent vingt et une mentions, le plus souvent pour des délits mineurs, dont les peines d'emprisonnement inhabituellement longues au regard de la gravité des faits tiennent surtout à la commission en récidive et, avec le temps, à la mise à exécution de peines antérieures prononcées avec sursis et mise à l'épreuve. De cette liste émergent toutefois quelques hauts faits que les militaires et les magistrats soulignent, les premiers pour justifier l'ampleur des moyens mis en œuvre pour son interpellation, les seconds pour établir un profil conforme au récit servant de fondement aux arguments développés en faveur du non-lieu. Il a notamment été condamné pour avoir essayé de percuter un véhicule de gendarmerie à un contrôle routier, pour avoir commis un vol avec violence aggravé par une tentative de renverser une personne, et pour avoir jeté des objets volés en direction des forces de l'ordre afin de protéger sa fuite. Il est aussi question d'une bagarre au cours de laquelle deux autres voyageurs ont été blessés et qui est survenue quelques semaines seulement avant l'opération du GIGN, mais qui n'a pas été jugée. Il y a enfin sa présentation comme un homme en cavale après qu'il n'avait pas réintégré le centre de détention. Le tableau est sombre, assurément. Mais il y a une autre biographie, plus lumineuse, racontée par ses proches. Non idéalisée, et son père commente sans fard : Des conneries, il en a fait tellement ! Mais qui ne se résume pas à une trajectoire délictueuse. Appelons cette autre biographie sa vie.

À la suite de la mort de sa mère dans un accident de voiture alors qu'il était âgé de dix-huit mois, il a été élevé par une tante. Quand il a eu neuf ans, il a rejoint son père qui s'était entre-temps remarié et venait d'avoir une petite fille. Il s'est immédiatement senti chez lui dans sa nouvelle famille. Celle que les documents judiciaires désignent comme sa belle-mère, il l'a tout de suite appelée maman, et les trois enfants nés du second mariage, il les a considérés comme ses sœurs et son frère. Son père est d'une famille de voyageurs et, plus jeune, il circulait dans la région avec sa première épouse, une femme manouche, dans une roulotte tirée par un cheval. De cette époque il conserve une telle nostalgie que lorsqu'il pleut il se met sous le toit de tôle de sa terrasse pour, comme autrefois, entendre tomber la pluie. Sa seconde épouse, elle, se décrit comme paysanne, originaire du village où ils sont désormais installés, mais pour sa famille, elle est une gadji, autrement dit n'appartient pas à la communauté du voyage. Le couple s'est sédentarisé pendant un temps sur le terrain des grands-parents paternels.

Ce n'est pas à l'école qu'Angelo s'épanouissait, et il ne semble pas être allé jusqu'au bout du cycle de la section d'enseignement général et professionnel adapté, la Segpa, dans laquelle on place les élèves en difficulté scolaire. Et puis, à la maison, il devait aussi aider son père, qui était ferrailleur, et il se faisait lui-même un peu d'argent de poche en allant récupérer des métaux à la déchetterie pour les recycler. À la classe, il préférait la nature, et passait de longues heures à pêcher dans la rivière voisine, parfois avec des camarades. La nuit, quand le ciel était dégagé, il apprenait à l'aînée de ses jeunes sœurs à reconnaître les étoiles et les constellations. Sa folie, c'était les mobylettes, sur lesquelles il l'emmenait faire des tours. D'ailleurs, la mécanique lui plaisait, mais un centre de formation par l'apprentissage n'aurait certainement pas été de son goût. Il n'était pas assez stable.

Sa première interaction avec le monde judiciaire, il l'a eue à l'âge de quatorze ans. Il avait pris une pomme sur une branche qui pendait à l'extérieur d'un jardin du village. Le propriétaire l'a vu et a porté plainte. Sa mère a dû se rendre avec lui au tribunal pour enfants où le magistrat les a sermonnés tous les deux en leur déclarant, à leur grand étonnement, que même à portée de main au-dessus du trottoir, le fruit était toujours sur l'arbre et donc le bien de celui qui résidait sur le terrain où ce dernier était planté. Le geste de cueillir la pomme était donc un vol. La sanction a heureusement été une simple admonestation. Mais la justification qui leur avait été donnée ne les avait pas convaincus, sauf d'une chose. Que c'est parce qu'ils étaient des voyageurs qu'on les dénonçait à la police et qu'on les convoquait chez le juge pour un acte aussi dérisoire.

Il avait dix-huit ans lorsqu'il a quitté la maison familiale. À l'époque, son père était en prison. Sa jeune compagne était enceinte. Ils ont eu leur première fille, puis leur fils deux ans plus tard. Pour faire vivre le foyer, il récupérait des palettes dont se débarrassaient les magasins et il les revendait. À vingt-deux ans, il a connu la prison pour la première fois. Il roulait sans permis valide et sans assurance. À un contrôle routier, les gendarmes, qui l'avaient probablement reconnu, lui ont fait signe de s'arrêter. Il n'a pas obtempéré. Il a accéléré. L'accusation s'est transformée en délit de fuite avec tentative de percuter un véhicule de gendarmerie. Lorsqu'il a comparu au tribunal, sa famille était présente dans la salle. À l'audience, son avocat commis d'office, peut-être pour susciter la sympathie des juges, l'a présenté comme un simple petit voleur de poules. Sur le moment, la remarque les a amusés, bien qu'il n'ait jamais été pris à voler des poules, ou toute autre chose. Si elle était censée attendrir les magistrats, la plaisanterie ne s'était toutefois pas révélée efficace. Elle n'avait pas empêché la peine d'emprisonnement avec mandat de dépôt.

Quand il est sorti de maison d'arrêt, un an et demi plus tard, il a commencé une trajectoire délinquante dont il est difficile de savoir dans quelle mesure elle était liée à des relations qu'il avait nouées en prison. Il a commis des vols, s'est fait prendre, est retourné en maison d'arrêt. Il n'a ainsi pas été présent lors de la naissance de son second fils et n'a pu le reconnaître qu'à sa sortie. Cette fois encore, le séjour à l'extérieur a été court. Pendant sa troisième incarcération, sa compagne lui a annoncé qu'elle le quittait et a peu après délaissé leurs trois enfants, que l'aînée de ses sœurs a alors pris chez elle. Lorsqu'il s'est retrouvé dehors, il a été hébergé par ses parents et a pu reprendre ses enfants, mais sans emploi, sans véhicule, sans permis, sans argent, sans aide sociale, sa situation était extrêmement précaire. Il a volé une voiture et s'est fait interpeller alors qu'il dérobait du cuivre dans un local industriel. Nouveau séjour en prison.

Une période plus stable suit sa sortie deux ans plus tard. Il a une compagne qui n'est pas voyageuse. Elle est la mère d'une petite fille. Elle l'encourage énergiquement à changer de vie. Il fait une formation de taille de vigne dans un lycée viticole. Tous deux travaillent dans des domaines de la région. Ils sont embauchés, en fonction de la saison, pour la taille, l'ébourgeonnage et les vendanges. Des certificats de ses employeurs attestent ses qualités de sérieux, de fiabilité, d'esprit d'initiative. Les mois où il est sans travail, il s'inscrit à Pôle emploi, perçoit ses indemnités de chômage, cherche un nouveau contrat. Il s'intéresse aux choses du monde, aux questions d'environnement, à la politique. Il est aussi suivi par une équipe médicale pour un traitement de substitution de son ancienne héroïnomanie. Éphémère période heureuse de sa vie adulte. Les dernières photos qu'on a de lui le montrent enjoué, travaillant dans les vignes, conduisant un tracteur, emmenant ses enfants faire du poney, apprenant à nager ou faire du vélo à la fille de sa compagne.

Mais très vite, les difficultés économiques le rattrapent. Les frais de justice, les dommages aux parties civiles, les anciennes amendes impayées, la pension alimentaire directement prélevée sur ses revenus. Ses maigres salaires passent dans les remboursements de ses dettes accumulées. Les sommes dues lui paraissent énormes. Il dit que sa vie est fichue. Il a l'impression qu'on l'enfonce au moment même où il commence à s'en sortir. Et il replonge. Participe à des vols. Se fait prendre. Retourne en détention préventive. La maison d'arrêt est à près de deux cents kilomètres du domicile familial. Il reçoit peu de visites hormis celles de sa compagne. Il fait une demande de rapprochement mais elle tarde à aboutir. Il ne connaît personne dans cette prison. Il se sent isolé.

L'avocate qui l'a bien connu au cours des mois de l'instruction des différentes affaires que le magistrat a regroupées pour ne faire qu'un jugement et donc une condamnation comprend lors de leurs entretiens qu'il est en souffrance, qu'il a besoin de soutien. Elle le décrit comme un homme calme, doux, avec lequel le contact est direct et simple. Lorsque le juge l'interroge sur la commission d'un larcin, il lui répond sans détour. S'il en est l'auteur, il le reconnaît. S'il nie être impliqué, on le croit. Il ne ment pas. Il ne livre pas non plus ses complices. Alors qu'on sait que plusieurs de ses délits ont été commandités par d'autres, il ne donne jamais aucun nom et comparaît seul. On le considère comme étant aussi sincère devant le juge que loyal à l'égard de ses acolytes.

Le procès a lieu. Il est condamné à une peine de vingt-sept mois d'emprisonnement, desquels sera bien sûr décompté le temps passé en détention préventive. Il est d'usage qu'une fois le jugement prononcé et la personne remise en garde à vue en attendant son transfèrement vers la prison les surveillants qui l'accompagnent laissent la famille lui parler quelques minutes pour le réconforter. Cette fois, l'autorisation ne leur est pas donnée. La gorge serrée, ses proches le voient menotté qui s'éloigne sous bonne garde et monte dans un fourgon aux fenêtres grillagées. Un an plus tard, il a sa première permission de sortir. Le lendemain, il ne rentre pas. Il est dès lors en situation d'évasion et fait l'objet d'un avis de recherche. Il mène une existence précaire, s'invitant pour quelques nuits chez des amis ou des parents puis chez d'autres. Au bout de deux mois, il retrouve sa compagne et s'installe chez elle. Mais lui se sent traqué. Il finit par reprendre son itinérance. Par une sorte de déréalisation de sa condition de fugitif, le matin de sa mort, il évoquait avec sa fille aînée son désir de s'inscrire à Pôle emploi pour chercher du travail. Comme s'il lui était encore possible d'avoir à nouveau une vie normale.

Tous ceux qui connaissaient Angelo, ses proches, bien sûr, mais également les acteurs du monde judiciaire qui ont interagi avec lui, ont une opinion convergente sur le fait qu'il n'était pas dangereux. Son passé délictueux se composait essentiellement de conduites après l'invalidation de son permis qu'il n'avait pas les ressources financières de repasser et de larcins qui avaient pour circonstances aggravantes la récidive, l'escalade, l'effraction, et parfois le fait d'avoir été commis dans un lieu d'habitation. Jamais il n'a utilisé une arme, pas même le canif qu'il avait toujours dans sa poche, pour résister à une interpellation. Il lui est arrivé de se bagarrer avec d'autres voyageurs, mais il n'avait pas d'affaire impliquant une atteinte aux personnes en dehors de sa communauté. On est loin du tableau dépeint par les gendarmes pour justifier leur opération et rendre plausible la scène dans la remise.

Au-delà de ce portrait inquiétant dressé par les autorités, il y a ce que le collectif Justice pour Angelo a appelé l'engrenage carcéral dans lequel le jeune voyageur s'est trouvé pris. Entre vingt-deux et trente-sept ans, il a passé l'essentiel de son temps en prison. Il avait sans aucun doute commis au cours de cette période nombre de délits dont les juges ne pouvaient pas ne pas tenir compte lorsqu'ils devaient statuer sur son sort. Mais quel objectif poursuivaient-ils lorsqu'ils le condamnaient à des peines d'emprisonnement que des circonstances aggravantes, faciles à trouver dans son cas, permettaient d'allonger, et au paiement de dommages et intérêts aux parties civiles, qui obéraient toute possibilité de stabilisation de sa situation économique ?

À chaque fois qu'il était sorti, il s'était senti paralysé par une réalité de plus en plus sombre, se trouvant sans ressources, sans travail, sans moyen de locomotion, sans perspective de normalisation, n'ayant comme bagage qu'un casier judiciaire toujours plus lourd. Dans ces conditions, la rechute dans la délinquance était presque inéluctable, même lorsqu'il avait réussi à s'engager dans une nouvelle vie. Une histoire comme la sienne pose assurément la question des limites de la justice, reconnaissait l'avocate qui a été la dernière à le défendre devant un tribunal. Non seulement les sanctions prononcées n'ont aucune efficacité dissuasive, mais elles induisent même ce qu'elles sont censées prévenir.

Tout avait débuté par une conduite après suspension de permis aggravée par un refus d'obtempérer lors d'un contrôle routier auquel le langage judiciaire avait donné la formulation inquiétante de tentative de percuter un véhicule de gendarmerie. Un cycle pernicieux s'était engagé dont Angelo n'était jamais sorti. Maintenant qu'elle repense à ce premier passage au tribunal, sa sœur se souvient avec honte et colère de la phrase de leur conseil. Voleur de poules. Il n'y a pas de petite humiliation, pas de petite stigmatisation. Elle comprend combien l'expression cristallise les préjugés communs sur les voyageurs. Voleurs, par définition, quand bien même ils n'ont rien volé. C'est par là que tout commence. C'est ce qui fait, se dit-elle, qu'on en est là aujourd'hui.

XIII
Instruction

Elle a été le fait de deux juges. La première a conduit l'information judiciaire ; la seconde a pris la décision finale. La première a ordonné des commissions rogatoires, interrogé et mis en examen les gendarmes, auditionné les témoins et notamment les membres de la famille, visité les lieux du drame et vérifié comment on pouvait y entendre d'éventuelles sommations ; la seconde a pris connaissance du dossier et rédigé l'ordonnance de non-lieu. Cette situation inhabituelle, mais non exceptionnelle, est simplement due à la mutation à sa demande du magistrat instructeur puis à son remplacement. En général, les dossiers en suspens font l'objet d'une communication de l'un à l'autre, pouvant s'accompagner d'un avis donné par le partant qu'évidemment l'arrivant a toute liberté de suivre ou non. Dans le cas présent, une transmission a bien été faite et un avis donné sur le dossier, mais le respect de la déontologie de la magistrature ne permet évidemment de savoir ni ce qu'a été la suggestion de la première juge ni si elle a été suivie par la seconde.

L'ouverture d'une information judiciaire relève de l'initiative du procureur de la République. Dans le cas présent, elle s'imposait, compte tenu de l'existence d'indices graves et concordants de commission de violences ayant entraîné la mort sans intention de la donner avec usage ou menace d'une arme, selon les termes de son réquisitoire introductif. Il y a deux juges d'instruction dans le tribunal de grande instance et c'est le magistrat de permanence cette semaine-là que le parquet a chargé de mener l'information judiciaire. Au regard de la gravité et de la complexité du dossier, la juge sollicitée a toutefois, par précaution, demandé une co-saisine avec son collègue. Mais en réalité, c'est bien elle qui a suivi l'ensemble de la procédure. Lorsqu'elle a pris le dossier en main, il existait déjà beaucoup d'éléments réunis dans le cadre de l'enquête de flagrance : photographies et descriptions détaillées des lieux et des pièces à conviction ; procès-verbaux des auditions des mis en cause et des témoins juste après les faits ; rapport de la remise en situation à l'emplacement du drame ; prélèvement et saisie de cagoules, gants, gilets pare-balles, pistolets semi-automatiques, Taser et couteaux pour divers examens, y compris génétiques ; dépistage de produits stupéfiants et d'alcool dans le sang ; autopsie et balistique ; synthèse effectuée par les enquêteurs.

En étant saisie du dossier sept jours après le drame, ce qui est dans l'ordre normal du droit, la juge arrive donc relativement tard par rapport à l'événement, alors que des éléments importants de l'investigation ont été réunis, donnant déjà une certaine orientation au règlement de l'affaire. Toutes les auditions en quelque sorte à chaud, autrement dit avant que les mis en cause et les témoins aient pu longuement se préparer ensemble aux questions qu'on leur pose, ont été réalisées, avec cette particularité liée aux circonstances que les hommes du GIGN ont été interrogés par des collègues gendarmes. La remise en situation s'est déroulée en l'absence des témoins appartenant à la famille de la victime, et les données de l'autopsie et de la balistique ont été transmises aux enquêteurs avant sa tenue, ce qui leur a permis de les prendre en compte lorsque les gendarmes ont rejoué la scène. Le procureur a déjà communiqué à la presse des conclusions provisoires qui entérinent la version des militaires sous réserve d'éventuels éléments nouveaux de l'investigation. Enfin, l'enquête de flagrance de l'Inspection générale de la gendarmerie nationale a fait l'objet d'une synthèse qui ne trouve pas de contradiction entre les déclarations des militaires et les résultats des investigations. C'est dire que la juge d'instruction aborde l'affaire alors que le terrain a été bien balisé par la gendarmerie nationale et le ministère public.

Pour autant, elle dispose de très larges prérogatives pour tout ce qui peut contribuer à la manifestation de la vérité, notamment à travers les commissions rogatoires qu'elle ordonne et les convocations de mis en cause et de témoins qu'elle décide. Elle insiste du reste sur son indépendance par rapport au parquet et sur l'absence d'ingérence de ce dernier dans le déroulement de l'information judiciaire. Pour preuve, après avoir réalisé l'interrogatoire de première comparution des deux auteurs des tirs mortels, elle choisit de les mettre en examen, alors que le procureur est, lui, favorable à un statut de témoins assistés. Cette mesure, qui laisse à penser que la thèse de la légitime défense ne s'impose pas à elle de manière évidente, ne remet certes pas en question la présomption d'innocence des deux auteurs des tirs mortels. Elle est néanmoins interprétée, avec des réactions opposées, par la famille et par les gendarmes, comme une reconnaissance que la version jusqu'alors présentée par les militaires et le parquet demeure problématique. Elle ne s'accompagne toutefois pas de mesures de sûreté qui aggraveraient encore l'impression de suspicion. Les deux militaires sont libres et conservent même l'usage de leurs armes.

À cette décision assez remarquable en ce qu'elle infléchit la direction donnée à l'interprétation des faits par le procureur et les enquêteurs s'ajoutent deux commissions rogatoires qui semblent relever de la même logique. La première est l'audition, à la demande des parties civiles, de l'urgentiste qui, dans un échange enregistré avec son collègue régulateur, a indiqué, selon ses termes, que le gars n'était pas armé et que lui-même devait faire preuve d'une discrétion totale. On conçoit aisément l'importance de ces phrases qui contredisent la version des gendarmes et suggèrent de surcroît une tentative d'influencer un témoin. L'embarras du médecin et la confusion de ses dénégations ajoutent d'ailleurs au trouble de ses déclarations. La seconde est le transport sur les lieux qui est loin d'être une opération simple puisque, outre deux juges d'instruction, une représentante du parquet, deux greffiers, trois officiers de police judiciaire, le chef du bureau des enquêtes de l'Inspection générale de la gendarmerie nationale et la famille de la victime, elle mobilise également un groupement de gendarmerie en cas, selon les termes de la réquisition, de troubles à l'ordre public. Réalisé sous la pluie, l'exercice permet au magistrat instructeur de découvrir l'endroit où s'est déroulé le drame et surtout de vérifier la circulation du son entre la remise et les emplacements où se trouvaient les témoins. Il en résulte qu'une sommation prononcée à l'intérieur du local est distinctement entendue de là où étaient le père, la mère et la belle-sœur, et un peu moins nettement de là où étaient le frère et l'oncle. Dès lors, soit la famille ment en disant qu'elle n'a rien entendu dans les quelques secondes qui ont suivi l'entrée des militaires dans la resserre, soit les gendarmes cherchent à tromper la justice en affirmant qu'ils se sont annoncés, que la victime a crié et que des injonctions ont été faites.

Dès qu'elle a été saisie, la juge a compris le caractère doublement sensible du dossier. D'un côté, elle savait qu'au-delà de la famille du défunt c'était toute la communauté des gens du voyage qui nourrissait par avance, à l'égard de la justice et plus largement des services de l'État, une méfiance que plusieurs expériences récentes dans la région n'avaient fait qu'accroître. De l'autre, elle comprenait que l'implication de gendarmes, de surcroît des unités d'élite du GIGN, donnait une connotation particulière à des faits dont le retentissement médiatique pouvait être considérable, même si en l'occurrence la presse locale avait paru l'étouffer en reprenant sans la commenter la version du parquet. La pression qu'elle ressentait en instruisant cette affaire, si elle ne provenait pas d'interventions directes du ministère public ou d'autres institutions, était ainsi liée aux enjeux que ne pouvait pas manquer de cristalliser sa décision. Une décision au demeurant asymétrique dans sa signification et ses implications, puisqu'une ordonnance de non-lieu signifiait l'innocence des mis en examen, tandis qu'un renvoi devant la cour d'assises impliquait uniquement leur mise en accusation mais aucunement leur culpabilité, laquelle n'aurait éventuellement été établie qu'au terme du procès. Le départ du magistrat instructeur pour une autre juridiction lui a cependant évité d'avoir à trancher.

Lors de son audition, la sœur de la victime a déclaré que, pour elle, la mort de son frère était purement et simplement une exécution. La juge lui a alors répondu, probablement pour l'apaiser, que c'était peut-être un accident. On se gardera d'interpréter cette phrase, qui n'est pas sans ambiguïté. Elle peut en effet signifier que les gendarmes, confrontés à une agression, ont maladroitement tiré sans vouloir tuer, ou même que, dans une réaction panique, ils ont fait feu alors même qu'ils n'étaient nullement menacés par une arme. Dans les deux cas, la légitime défense deviendrait impossible à établir. Si le sens véritable de la phrase reste enseveli dans le secret de l'instruction, la formule laisse cependant entendre qu'une autre ordonnance de règlement était possible.

XIV

Non-lieu

Il a donc été prononcé par la juge d'instruction qui venait de prendre ses fonctions et à laquelle le dossier avait été transmis par celle qui l'avait précédée. Il s'agissait de régler l'affaire, selon la terminologie en usage. Difficile dans ce type de situation de se faire une idée précise à travers la seule lecture des auditions et des expertises. Certes, on examine les faits avec un œil neuf, peut-être plus détaché des passions ou des pressions qui ont pu se manifester à un moment ou à un autre. Mais cet avantage ne remplace pas la connaissance intime du dossier, la découverte progressive des pièces, les interactions directes avec les témoins et les mis en examen, la conviction qu'on se forge au fur et à mesure et les doutes qui persistent. Il y a des questions qu'on aurait aimé poser ou des compléments d'information qu'on aurait souhaité obtenir. Non qu'il soit impossible de le faire, mais dans un cas comme celui-ci, la juge comprend qu'il ne faut pas tarder à trancher. Le procureur de la République lui a demandé de le traiter en priorité. C'est un dossier sensible. La décision est attendue. Tant par la communauté des gens du voyage, dont on redoute toujours les réactions en cas de non-lieu, que par la gendarmerie nationale, dont on imagine aisément les protestations en cas de renvoi. Le parquet, même s'il n'intervient en principe pas à ce stade pour orienter la décision de la juge d'instruction, a dès le départ indiqué clairement qu'il retenait la version des faits présentée par les gendarmes et s'est ensuite fermement tenu à cette position encore exprimée dans ses réquisitions.

Les charges contre les deux gendarmes sont-elles suffisantes pour les renvoyer aux assises ? Existe-t-il des indices graves et concordants attestant une faute caractérisée dans l'usage de leurs armes qui a conduit à la mort de l'individu qu'ils devaient interpeller ? Telles sont les questions auxquelles doit donc répondre la juge. Pour ce faire, elle s'appuie sur les données de l'enquête de flagrance et de l'information judiciaire, la première ayant déjà conclu à la légitime défense, la seconde s'étant enrichie de nouvelles auditions et de quelques expertises. Elle dispose également des réquisitions du ministère public et des observations des avocats de la défense et des parties civiles. Un an et demi après les faits, elle peut ainsi rédiger les vingt et une pages de l'ordonnance de non-lieu. C'est l'une de ses premières décisions non seulement dans sa nouvelle juridiction, mais également en tant que magistrat instructeur car elle s'occupait jusqu'alors d'affaires de droit civil.

Dans la mesure où ce document clôt temporairement l'affaire et se trouve en grande partie repris par la chambre d'instruction de la cour d'appel, il mérite une analyse précise. Un acte de justice qui argumente une décision est toujours un exercice de rhétorique. Mais plus qu'à convaincre le lecteur, il vise à justifier, au regard du droit, un jugement.

Il arrive que, dans un document officiel, un détail en donne la clé de lecture, parfois à l'insu de ses rédacteurs. On trouve dans l'ordonnance de non-lieu un tel détail. Pour établir l'absence d'intention de donner la mort, il est indiqué que l'autopsie a permis de localiser les tirs dans une région comprise entre le thorax et le haut du bassin sans qu'aucun n'atteigne un organe vital tel que la tête ou le cœur et que donc les militaires ont fait usage de leurs armes afin simplement de contenir leur cible qui ne se laissait pas appréhender. Ce point est essentiel pour le non-lieu car il permet d'affirmer que la volonté homicide est manifestement exclue, ce qui conduit la juge à conclure que l'infraction de violence volontaire ayant entraîné la mort sans intention de la donner est bien constituée.

Que dit pourtant le rapport d'autopsie ? Il existe cinq orifices d'entrée des balles, dont quatre dans le thorax. L'examen de la cavité thoracique établit que l'un des projectiles a traversé le sac péricardique, l'oreillette droite et le ventricule droit. Le cœur a donc bien été atteint. Transpercé. Il existe un hémothorax, avec un litre de sang du côté droit et plus d'un litre du côté gauche, causé par la brèche cardiaque, ainsi que des lacérations multiples des deux poumons provoquées par des trajets de balles. Si l'on ajoute les trois cents millilitres d'hémopéritoine au niveau de l'abdomen par lésion du foie et du rein droit, c'est la moitié du volume sanguin du corps de la victime qui a été extravasé en quelques instants. Ainsi, non seulement le cœur a bien été touché, de même que les poumons, mais c'est l'hémorragie massive qui s'est ensuivie qui a provoqué la mort presque immédiate par désamorçage de la pompe cardiaque. Le rapport de l'institut médico-légal étant clair à cet égard, il est significatif que l'ordonnance de non-lieu le contredise aussi ostensiblement, reprenant littéralement les termes des réquisitions du procureur et négligeant les commentaires du conseil de la famille. Au demeurant, même si aucune des balles n'avait lésé le cœur, le fait que quatre d'entre elles aient pénétré le thorax fragilise l'argument selon lequel les tirs devaient seulement maîtriser la cible, comme l'assurent les gendarmes, ce qui aurait impliqué de viser les membres inférieurs. Pourquoi donc faire figurer dans l'ordonnance de non-lieu ce point qu'il est si facile d'invalider ?

On pourrait certes penser qu'il ne s'agit là que d'une scorie malencontreusement oubliée du fait d'une lecture inattentive du rapport d'autopsie et d'une confiance excessive dans le travail du parquet. Ce serait le cas si cet élément était isolé. Mais il s'inscrit dans un schéma général d'exclusion des faits pouvant contredire la version des gendarmes. Pour s'en tenir à la seule autopsie, que complète l'analyse balistique, une donnée cruciale n'est pas prise en considération. Elle concerne les trajectoires des projectiles. Les cinq balles qui ont touché la victime sont toutes tirées de haut en bas, quatre d'entre elles dans la partie supérieure du thorax, et faisant avec le corps des angles très marqués par rapport à l'horizontale, l'une étant même presque verticale. Les deux auteurs des tirs mortels ne pouvaient donc que se trouver nettement au-dessus de la victime et très proches d'elle. Or, les cinq gendarmes présents dans la remise indiquent que leur cible était debout, les deux tireurs se décrivant comme face à elle, donc à sa hauteur, l'un d'eux ayant également tiré une fois qu'il était tombé, donc nettement au-dessous d'elle. L'ordonnance mentionne certes l'autopsie dans la liste des investigations conduites et en décrit les principaux résultats. Mais d'une part, elle modifie légèrement la conclusion du rapport balistique en substituant un adverbe à un autre et en le mettant entre guillemets comme s'il s'agissait d'une citation, les trajectoires étant alors décrites comme étant probablement, au lieu de globalement, de l'avant vers l'arrière et du haut vers le bas. Et d'autre part, elle ne l'introduit pas dans la discussion aboutissant au non-lieu, préférant souligner à nouveau l'absence de localisation des tirs dans les organes vitaux. L'altération de la conclusion technique et sa disparition de l'argumentaire final conduisent ainsi à écarter un élément objectif essentiel de la discussion.

Et ce d'autant que la seule information commentée à propos des trajectoires balistiques se rapporte à la remise en situation effectuée sur place le lendemain des faits. L'ordonnance fait état d'une trace de balle dans le plafond du local, qui conforte la version de la chute du second adjudant, et affirme que la reconstitution des tirs ainsi effectuée converge avec les constatations de l'autopsie, sans discuter la discordance entre les affirmations des gendarmes, qui disent avoir fait feu face à leur cible, et les angles de pénétration des projectiles, qui les supposent au-dessus de la victime. Une autre donnée de l'autopsie aurait d'ailleurs pu être relevée, même si elle n'est qu'un élément accessoire. Deux des cinq gendarmes racontent qu'au début de l'interaction, avant que l'homme ne sorte son couteau, ils ont

essayé de le saisir à mains nues et qu'il a réussi à se
On aurait donc pu s'attendre à des signes anatomiques sur les membres supérieurs de la victime. Or, les incisions réalisées sur les bras et les avant-bras ne retrouvent aucune infiltration hémorragique attestant l'existence d'une lutte. Par contraste, les deux parents qui ont également été empoignés au niveau des bras par les militaires lors de leur arrestation présentaient l'un et l'autre des hématomes.

En somme, de même qu'un objet malencontreusement abandonné sur une scène de crime peut servir de pièce à conviction permettant d'en identifier l'auteur, de même l'indication de l'absence d'atteinte d'un organe vital imprudemment laissée au regard du lecteur apparaît ici comme la signature d'une stratégie argumentative. Aisée à infirmer, cette assertion invite en effet à rechercher d'autres indices. Outre ceux déjà mentionnés, ils ne manquent pas. Les témoignages répétés des cinq membres de la famille présents lors de l'opération, selon lesquels les tirs avaient retenti presque immédiatement après l'entrée des gendarmes dans la remise sans qu'aucune sommation ou autre parole n'ait été entendue, se trouvent remplacés dans la discussion finale par l'affirmation que certains d'entre eux avaient entendu des cris sans distinguer précisément leur sens, ce dont il est déduit que les militaires s'étaient bien signalés, alors que seule la belle-sœur, lors de sa première audition juste après le drame, dit qu'elle croit avoir entendu un cri, ce qu'elle récuse ensuite. Les variations, voire contradictions, entre les versions des cinq policiers, par exemple sur le fait que leur cible hurlait des insultes ou ne proférait aucun son, qu'elle levait les mains en l'air ou se tenait en position de boxeur, que quatre d'entre eux étaient tombés ou un seulement, qu'il y avait eu un pugilat au sol ou que la victime s'était effondrée sans connaissance, ne sont pas relevées. La déclaration du premier adjudant assurant qu'il n'a jamais vu le couteau, ce qui conduit un officier de police judiciaire à lui demander comment il a pu tirer sur quelqu'un qui n'était pas armé, n'est pas retenue comme un élément pouvant insinuer le doute ou tout au moins devant être discuté. L'enregistrement des propos du médecin appelé sur les lieux selon lequel la victime n'avait pas d'arme et les gendarmes lui demandant de faire preuve de réserve est écarté en raison de ce qui est simplement présenté comme un contexte inhabituel pour l'urgentiste. Même le fait de n'avoir pas effectué de sommations avant de tirer, pourtant admis par les gendarmes, est éludé puisqu'il est écrit qu'ils en ont réalisé plusieurs selon le protocole d'usage.

Parallèlement, le portrait qui est réalisé d'Angelo corrobore la description que font les gendarmes de son attitude. Le rappel des antécédents délictueux, pour lesquels six jugements impliquant des faits de violence sont joints au dossier, mentionne même qu'au cours d'une récente bagarre il avait menacé de revenir avec une kalachnikov, prenant ainsi au sérieux un défi bien peu réaliste au regard de l'armement des voyageurs. Les indications fournies par la famille s'avèrent également significatives de l'orientation donnée à la présentation de la victime. En effet, lors des premières auditions réalisées quelques heures seulement après le drame, les proches ont été stupéfaits d'être questionnés moins sur les événements traumatisants qu'ils venaient de vivre que sur le défunt, son caractère, ses soucis, ses projets, son mode de vie, ses pratiques de toxicomanie, au point que son père, choqué de constater la tournure que prenait l'interrogatoire, décidait d'y mettre fin. Citant des extraits de déclarations des uns et des autres, l'ordonnance de non-lieu dépeint ainsi son fils comme un homme joyeux, généreux, gentil, qui aimait bien rire et n'était pas violent, mais qu'il ne fallait pas énerver, qui avait mal vécu son incarcération et qui n'avait de toute façon pas l'intention de retourner en prison, qui était miné par les sommes liées à l'indemnisation des parties civiles et qui consommait de l'héroïne, qui sortait facilement son couteau et qui avait grièvement blessé un membre d'une famille rivale. Le profil d'un homme déterminé à ne pas se laisser interpeller et prompt à utiliser une arme se dessine ainsi. La référence à l'addiction revient à plusieurs reprises et, bien que l'examen toxicologique ne mette en évidence dans le sang que le principe actif du cannabis ainsi qu'un médicament de substitution aux opiacés, la réaction rapportée après les décharges électriques des pistolets, qu'on présente comme un état de furie, et même de transe, le rendant incontrôlable, est expliquée par la prise de stupéfiants, et notamment de cocaïne. Des traces de cette dernière ont bien été retrouvées, mais comme l'indique le rapport, leur seule présence dans la bile témoigne de ce qu'on est à distance de la prise et des effets excitants, possiblement même dans la phase dépressive secondaire.

Au vu de l'ensemble de ces éléments, on comprend qu'on aurait tort de croire que la structure rhétorique de cette ordonnance de non-lieu repose sur un examen à charge et à décharge. On n'y voit pas discutés les faits du point de vue de ce qui tend à disculper ou, à l'inverse, à incriminer les gendarmes. On n'y lit pas une analyse critique des invraisemblances, des divergences entre auditions et des discordances avec les preuves, soit pour exonérer, soit pour accuser les auteurs des tirs. On ne pèse pas le pour et le contre, comme la symbolique de la balance de la justice le laisse imaginer. Le développement de la discussion est une démonstration univoque qui retient les éléments favorables à ce qu'il s'agit de démontrer et qui modifie ou bien écarte les éléments défavorables. La conclusion n'est donc pas le point d'aboutissement du raisonnement. Elle en est le point de départ. Si la juge d'instruction dit s'être livrée à un examen des faits en son âme et conscience, il n'en reste pas moins que tous les arguments déployés dans son ordonnance vont dans le même sens. Quitte à tordre certains faits ou à en ignorer d'autres. Quitte à suivre les réquisitions du parquet au point d'en reprendre textuellement certains passages.

L'établissement de la légitime défense et du respect de l'article L. 435-1 du Code de la sécurité publique est alors devenu un fait d'évidence. L'homme menaçait la vie ou l'intégrité physique de plusieurs gendarmes. Ils avaient d'abord essayé de le convaincre de lâcher son couteau. Ils avaient ensuite vainement tenté de l'immobiliser à mains nues. Ils avaient alors inefficacement recouru à des tirs de Taser. En dernier ressort, ils n'avaient eu d'autre solution que d'utiliser leurs armes à feu. Encore les militaires avaient-ils évité de toucher un organe vital.

Un dernier élément vient donner une crédibilité supplémentaire à ce récit des événements. L'ordonnance rappelle en effet qu'une procédure a été diligentée sur instruction du parquet contre Angelo en raison des violences sur personnes dépositaires de l'autorité publique dont les militaires l'accusaient le jour de son interpellation. Elle a évidemment été classée sans suite du fait de l'extinction de l'action publique consécutive à son décès. Présenté comme coupable, il lui devenait difficile d'accéder au statut de victime. Seule sa mort lui aura épargné une nouvelle incrimination.

Sans doute était-il difficile à la juge de prendre une autre décision et, dès lors, de rédiger différemment le texte du non-lieu. Compte tenu de sa récente prise de fonction comme magistrat instructeur, de surcroît novice dans cette activité, de son intervention à un stade tardif de l'information judiciaire et des tensions palpables autour du dossier, il lui fallait régler cette affaire en étant consciente de ne pas en avoir toutes les clés et en sachant que tout le poids de son institution pesait sur ses épaules. Mais dans ces conditions, quelle vérité sa décision signifiait-elle ?

XV

Vérité

Comment, d'ailleurs, la connaître ? Dans le cas de la mort d'Angelo, elle semble se diffracter en plusieurs versions. Il y a celle des gendarmes et celle de la famille. Et même, parmi eux existent des variantes. Considérons un fait précis, à savoir ce qui a été entendu entre le moment où les gendarmes sont entrés et le moment où ils ont fait feu, dans ce bref intervalle de temps qui se termine par le drame. C'est là un élément essentiel, puisqu'il détermine, d'une part, si une confrontation a eu lieu dans la resserre et, d'autre part, si des sommations ou des injonctions ont été faites avant les tirs.

La version des militaires et celle des parents sont inconciliables. Les cinq gendarmes à l'intérieur du petit local évoquent le tumulte extraordinaire d'un affrontement mêlant les vociférations incompréhensibles d'Angelo, car aucun n'est en mesure de préciser ce qu'il disait, à leurs propres cris, d'abord annonçant : Gendarmerie, gendarmerie, sors de là !, puis s'écriant : Couteau, couteau !, ensuite intimant à plusieurs reprises : Lâche ton arme !, enfin lançant : Touché ! À ces divers éclats de voix s'ajoutent les bruits des caisses qui se renversent et des corps qui tombent. Un officier à l'extérieur du local dit même avoir entendu les gendarmes déclarer, lorsqu'ils sont entrés : Contact target, expression remarquable qu'il est toutefois le seul à mentionner. Le père, l'oncle, le frère, la mère et la belle-sœur, les trois premiers allongés sur le sol, les deux autres assises sur les marches de la caravane, tous les cinq à quelques mètres seulement de la porte grande ouverte, font état au contraire d'un très bref silence, seulement troublé par le piétinement des gendarmes butant sur des objets à l'intérieur, jusqu'à la soudaine rafale, suivie d'un faible râle. Pas de cris, pas d'injonctions, ils sont formels. Quelle vérité peut-on alors retenir ? Et même, plus fondamentalement, qu'est-ce que la vérité ?

On considère généralement qu'une affirmation est vraie si elle énonce un fait réel. Les philosophes parlent dans ce cas de correspondance, car ce qui est dit correspond à ce qui s'est passé. Angelo avait un couteau dans la main ou bien il n'en avait pas. Les gendarmes l'ont mis en demeure de se rendre ou bien ils ne l'ont pas fait. Dans chacun de ces cas, l'une des assertions est nécessairement vraie et l'autre nécessairement fausse. Mais comment savoir laquelle ? En effet, cette vérité des faits n'est pas directement accessible au magistrat et, plus largement, à celles et ceux qui tentent de la découvrir. Ils s'appuient sur les discours qui leur sont tenus par les protagonistes et qui peuvent différer comme c'est ici le cas. Les cinq gendarmes racontent avec des fluctuations significatives leur version d'une scène dont ils sont les acteurs. Les cinq membres de la famille de la victime exposent une tout autre version de cette même scène dont eux sont des témoins auditifs.

Dès lors, comment trancher ? L'enquête cherche des éléments complémentaires corroborant l'une ou l'autre version. Ils peuvent être objectifs, telle la découverte d'une arme près du corps qui conforte le récit de l'agression, ou subjectifs, à travers le recueil d'autres témoignages qui contestent l'existence d'injonctions. On peut parler alors, en empruntant le langage des philosophes, de cohérence, car il s'agit d'établir la vérité d'une affirmation non pas en elle-même en la confrontant avec les faits qu'elle rapporte, mais à partir d'autres éléments qui lui donnent une certaine consistance. Toutefois, ces éléments peuvent aussi être contestés : l'arme peut avoir été déposée près du corps par les gendarmes et le démenti des injonctions peut résulter d'une entente entre les membres de la famille.

En l'absence de caméras permettant de vérifier certains faits, magistrats et enquêteurs ne peuvent donc savoir de manière irréfutable laquelle des versions des militaires ou des proches est la vraie sur la seule base de la correspondance entre le discours et les faits ou bien de la cohérence du discours avec d'autres éléments. Pourtant, si, dans de telles situations, magistrats et enquêteurs ne peuvent en principe pas avoir de certitude, force est de constater qu'en pratique ils se forgent une opinion qui tend rapidement à devenir une intime conviction. Dès le lendemain du drame, le procureur de la République donne une conférence de presse dans laquelle il reprend la version des gendarmes, sans évoquer celle de la famille. De même, une semaine après les faits, l'Inspection générale de la gendarmerie nationale publie une synthèse affirmant qu'il n'apparaît pas de contradiction entre les déclarations des tireurs et les témoignages recueillis, ignorant là aussi ceux des proches de la victime. Dans les deux cas, la formule finale laissant entendre qu'il faut attendre les conclusions des enquêtes et des expertises semble une nécessaire mais peu convaincante précaution oratoire. En témoigne le fait que les données balistiques discordantes avec les récits des militaires et disponibles dès le lendemain du drame ne remettent pas en question la version des gendarmes. Le procureur et les inspecteurs se sont fait une opinion. Il est peu probable qu'un élément nouveau modifie leur jugement. D'où la surprise lorsque le magistrat instructeur décide d'une mise en examen.

La formation initiale de ce jugement du procureur et des inspecteurs repose sur une triple opération : réduction des divergences entre les versions des militaires, exclusion des témoignages contradictoires de la famille et sélection des informations disponibles. Premièrement, les substantielles variations existant entre les versions des gendarmes sont gommées. Que le premier adjudant déclare l'individu silencieux quand le second le décrit vociférant des insultes, que celui-ci parle d'un couteau quand celui-là dit ne pas l'avoir vu, ces différences, et bien d'autres encore, sont effacées. Il reste un récit homogène, sans aspérité. Deuxièmement, les contradictions majeures apportées à ce récit par les proches de la victime sont écartées. Le fait que cinq personnes se tenant aux abords de la dépendance attestent qu'aucun signe d'affrontement n'a été perçu et qu'aucune forme de sommation n'a été entendue dans les secondes qui ont précédé les salves de pistolet mitrailleur disparaît de la description de la séquence fatale. La parole des proches s'évanouit. Troisièmement, un choix est fait dans les éléments retenus pour valider l'interprétation des événements. On prend ainsi en compte la présence d'un couteau sans s'étonner qu'il soit trouvé dans le prolongement du bras alors que le corps a été déplacé et retourné, ce qui inverse la position de la main droite ; on retient l'éclat de balle dans le plafond, mais on néglige les trajectoires des projectiles dans le corps, qui contredisent les déclarations. C'est donc au terme de cette triple opération d'analyse des faits qu'émerge le récit qui s'impose au représentant du parquet, aux officiers de police judiciaire et, plus tard, au magistrat instructeur.

Comment rendre compte de ce processus de tri dans les témoignages et les éléments de preuve, et plus généralement, par quel mécanisme en vient-on à privilégier une interprétation des faits par rapport à une autre lorsque n'existent pas d'éléments permettant une certitude absolue ? Les sociologues apportent deux explications principales, qui sont en partie liées : la hiérarchie des crédibilités et la force des affinités. D'une part, magistrats et enquêteurs tendent à croire plus facilement certaines personnes que d'autres. Dans le crédit qu'ils accordent aux différentes parties, ils établissent mentalement une hiérarchie sur des critères qui peuvent être explicites et juridiques, notamment quand l'une des parties est assermentée et pas l'autre, ou implicites et moraux, en particulier lorsque des préjugés favorables ou défavorables existent à l'égard d'une partie ou d'une autre. Ici, les deux types de critères convergent. Les gendarmes ont prêté serment. Les voyageurs pâtissent d'a priori négatifs. Le crédit des uns se combine au discrédit des autres. D'autre part, magistrats et enquêteurs développent des relations électives avec certains groupes et des antagonismes forts avec d'autres. Les représentants du parquet travaillent au quotidien avec les gendarmes qui leur sont en quelque sorte des auxiliaires indispensables puisqu'ils leur fournissent des dossiers de délits et interpellent leurs auteurs présumés. Les officiers de police judiciaire de la gendarmerie, quant à eux, se trouvent dans la position singulière d'auditionner des collègues. Les deux tireurs participent ainsi du monde institutionnel des premiers et du monde professionnel des seconds. À l'inverse, la distance sociale et même morale qui existe entre les acteurs de la justice et les voyageurs est considérable. Aux degrés divers de mépris des uns, pouvant se manifester sous forme de condescendance, d'ironie ou d'agressivité, répond l'hostilité générale des autres, qui ont développé une profonde méfiance à l'égard des agents du système pénal à l'occasion de leurs nombreuses interactions avec eux. Ainsi, la hiérarchie des crédibilités et la force des affinités sont tellement incorporées chez les magistrats et les enquêteurs qu'ils inclinent tout naturellement, pourrait-on dire, à privilégier la version des gendarmes au détriment de la version de la famille, au point même d'ignorer cette dernière, et ce indépendamment de la vraisemblance de l'une et de l'autre, et des discordances et des convergences d'un côté ou de l'autre. Et même, peut-on penser, indépendamment de toute intention de travestir la réalité : ils peuvent être convaincus d'analyser une situation en leur âme et conscience.

Au bout du compte, en présence d'affirmations contradictoires concernant ce qui s'est réellement passé et en l'absence d'éléments définitivement probants attestant les unes ou les autres, comme dans la présente affaire, à la question : Qu'est-ce que la vérité ? la réponse n'est à chercher ni dans la correspondance entre les récits et les faits ni dans la cohérence entre les récits et des éléments pouvant les confirmer. D'un point de vue sociologique, la vérité est finalement ce qui est tenu pour vrai par une majorité des membres de la société. Lorsque le cas est traité juridiquement, le seul récit qui compte, celui qui restera, est celui que la justice reconnaît. C'est sur elle que se fonde la décision de condamner les uns et d'exonérer les autres. Il n'est d'ailleurs même pas nécessaire que les magistrats et les enquêteurs la croient. Ce qui importe, c'est qu'ils l'énoncent. Car c'est cette vérité que l'histoire retient. En ce sens, la justice a un rôle performatif, comme le montrent les philosophes du langage. Ce qu'elle dit advient, par le seul fait qu'elle l'a dit. La décision qu'elle rend devient vérité. Attaqués par un forcené, les gendarmes ont tiré sur lui en état de légitime défense. La vérité consacrée par la justice et reprise par les médias comme la seule légitime tient dans cette unique phrase. Et c'est parce qu'ils savent que la justice a cette force performative que les proches d'Angelo se battent avec l'espoir, toujours déçu, qu'elle reconnaisse une autre version des circonstances de sa mort et la fasse enfin exister aux yeux du monde comme étant la vérité.

Lors de l'entretien qu'il avait accordé à la télévision le lendemain du drame, le procureur avait expliqué ce qu'il appelait son premier impératif dans cette affaire : Approcher au plus près la vérité. Lucide, il avait ajouté : Qui sera la vérité judiciaire.

XVI
Mensonge

On en fait souvent le contraire de la vérité, mais c'est à la sincérité qu'il faut l'opposer. Un mensonge est une déclaration dont on sait qu'elle est fausse et qu'on formule à l'adresse d'une personne avec l'intention de faire croire qu'elle est vraie. Le mettre en évidence peut être difficile. Celui qui ment sait qu'il ment, mais celui à qui il parle n'est pas censé le savoir. Quand bien même il le soupçonne, il lui est généralement malaisé de le prouver. En l'occurrence, si le procureur de la République pense que la famille ment et qu'elle a bien entendu les injonctions des gendarmes et le tumulte d'une confrontation, il pourra difficilement le démontrer, et si la juge d'instruction croit que les militaires mentent et qu'ils ont en réalité tiré sans faire de sommation sur un homme désarmé, elle aura du mal à l'établir. Mais la révélation du mensonge, tout comme la recherche de la vérité, est une opération inégale. En justice, certains auteurs de mensonges ont plus de chances que d'autres de ne pas être démasqués en raison de leur statut et de leurs ressources sociales.

C'est notamment le cas des agents des forces de l'ordre. Il y a plusieurs raisons à cela. D'abord, ils sont assermentés, donc moins que d'autres censés mentir et, de plus, se trouvent face à d'autres représentants, comme eux, de professions assermentées, notamment magistrats et avocats. Ensuite, ils développent un esprit de corps qui les conduit presque systématiquement à venir appuyer ce que disent leurs collègues soupçonnés d'avoir commis un acte répréhensible. Enfin, les personnes extérieures qui ont été témoins de cet acte et seraient donc en mesure de dénoncer le mensonge ne peuvent guère faire entendre leur voix, soit parce qu'on n'enregistre pas leur témoignage, soit parce qu'on le minorise dans la procédure. De nombreux travaux internationaux de criminologie ont depuis longtemps décrit ces mécanismes. Et l'actualité ne manque pas d'exemples les attestant, à l'occasion des révélations d'un enregistrement audio ou vidéo, d'une investigation journalistique sur un fait divers, ou simplement de l'aveu tardif d'un agent repentant. Ces trois raisons expliquent d'une manière générale l'efficacité des mensonges des gendarmes et des policiers lorsqu'ils se trouvent mis en cause. Elles ne préjugent bien sûr pas du fait que, dans des affaires particulières qui concernent l'un des leurs, ces agents mentent ou non, mais elles permettent de comprendre pourquoi, s'ils mentent, il est particulièrement difficile de les confondre.

Il est des situations dans lesquelles les mensonges des agents des forces de l'ordre s'avèrent particulièrement nécessaires. C'est ce que l'on qualifie couramment de bavures, mais qu'il est préférable de désigner tout simplement sous le nom de violences. Lorsque des brutalités sont commises par des gendarmes ou des policiers, les agents concernés, leurs collègues et leur hiérarchie sont volontiers tentés de les dissimuler ou tout au moins d'en habiller les circonstances de façon à les rendre légalement acceptables et donc non condamnables. La légitime défense est l'argument le plus souvent allégué et l'extension de son domaine d'application par la loi du 28 février 2017 a rendu plus facile son invocation, puisque le recours à la force armée est désormais justifié notamment contre des personnes ou des véhicules en fuite refusant d'obtempérer et susceptibles de perpétrer des atteintes à leur vie ou leur intégrité physique ou à celles d'autrui, ce qui revient de fait à autoriser à tirer sur un fugitif.

Le mensonge fonctionne alors d'autant mieux qu'il s'appuie sur des témoignages concordants. Le recours au mensonge collectif dans les cas de violences, a fortiori lorsqu'elles ont entraîné le décès d'une personne, présente au demeurant plusieurs avantages pour les agents des forces de l'ordre. Premièrement, il constitue une défense efficace puisqu'il permet de disculper ceux qui les ont perpétrées, et l'on sait la modération des sanctions administratives et la rareté des condamnations judiciaires à l'encontre des policiers et gendarmes impliqués directement ou indirectement dans la mort d'individus. Deuxièmement, il contribue au renforcement de la solidarité au sein du groupe puisque les témoins en font preuve en joignant leur parole fallacieuse à celle de leurs collègues concernés et que tous se trouvent désormais tenus dans une sorte de pacte secret par la violation de leur serment. Troisièmement, il protège l'institution du risque d'atteinte de son image publique, ce qui explique en partie pourquoi les supérieurs et même les responsables politiques, jusqu'au plus haut niveau de l'État, n'hésitent pas à participer à la dissimulation de la vérité. Il faut du reste ajouter que, dans les rares cas où un agent signale à ses supérieurs des exactions commises par ses collègues, c'est lui qui se trouve sanctionné. Là encore, la criminologie et l'actualité apportent de nombreux éléments théoriques et empiriques analysant et attestant ces mécanismes du mensonge collectif.

On pourrait certes arguer que mentir devant un enquêteur ou un magistrat pour éviter une peine est au fond compréhensible et banal. Du reste, le cinquième amendement de la Constitution des États-Unis protège les accusés contre l'obligation de témoigner contre eux-mêmes. Mais dans le cas des forces de l'ordre, le mensonge a une signification distincte de celle qu'il a dans le cas de citoyens ordinaires. Pour ceux-ci, il s'agit de mensonges individuels. Pour celles-là, les mensonges sont institutionnels, c'est-à-dire incorporés au cœur de l'organisation pour la prémunir d'enquêtes et de sanctions. De même qu'on parle de racisme institutionnel pour penser la discrimination, on devrait par conséquent parler de duplicité institutionnelle pour penser le mensonge.

ation des faits lorsque des violences ont été commises aller au-delà de l'exonération de leurs auteurs. Elle ...t donner lieu simultanément à une incrimination des victimes. C'est ce que permet le délit d'outrage et rébellion contre agent dépositaire de l'autorité publique qui a été de plus en plus souvent utilisé dans ce contexte en France au cours des trois dernières décennies. L'auteur des violences accuse celui qui les a subies en expliquant que c'est en réponse aux insultes et à l'agressivité de l'individu concerné que l'usage de la force a été rendu nécessaire. Dans certains cas, il peut y avoir retrait négocié et conjoint des deux plaintes, la victime de violences comprenant le déséquilibre du rapport de forces dans le monde judiciaire. Dans d'autres, les deux sont maintenues, mais le juge est généralement plus sensible à l'infraction supposément perpétrée contre les policiers ou les gendarmes pour laquelle le climat politique et l'évolution législative tendent vers toujours plus de sévérité. Le recours spécieux à l'outrage et rébellion pour escamoter les violences perpétrées est une tactique bien identifiée au sein de la police, tant parmi les gardiens de la paix que parmi leurs supérieurs, et même chez certains hauts fonctionnaires de la sécurité publique, au point qu'en interne sa fréquence élevée sert d'indicateur de l'agressivité des agents. On comprend donc qu'au regard de l'ensemble de ces pratiques les victimes de violences commises par les forces de l'ordre ont très peu de chances de voir leur préjudice reconnu et leur droit prévaloir.

Aux États-Unis, l'institutionnalisation du faux témoignage est d'ailleurs un phénomène tellement commun qu'il existe, dans l'argot des policiers, un terme qui en montre la banalité et même l'acceptabilité : *testilying*, mot hybride mêlant ironiquement *testifying*, le fait de témoigner, et *lying*, le fait de mentir. Il désigne une pratique, certes illégale puisque le droit la qualifie de *police perjury*, dont professeurs de droit et chefs de la police conviennent qu'elle est extrêmement courante, qu'il s'agisse d'ailleurs de protéger des agents ou d'incriminer des suspects. Elle participe du fait que, tandis que les grands jurys de citoyens, qui sont chargés de décider si des auteurs présumés de crime doivent être présentés devant la justice, donnent une réponse positive dans plus de quatre-vingt-dix-neuf pour cent des cas lorsqu'il s'agit d'un homicide commis par un citoyen ordinaire, ils répondent au contraire par la négative dans plus de quatre-vingt-dix-neuf pour cent des cas si c'est un policier qui tue un individu. Le fait que les auditions et les débats des grands jurys se fassent sous la houlette du procureur, qui, comme en France, travaille en étroite collaboration avec les forces de l'ordre, puisqu'il dépend d'elles pour obtenir des affaires et interpeller des suspects, n'est pas étranger à cette statistique. Toutefois, l'obligation dans laquelle se trouvent de plus en plus fréquemment les policiers états-uniens de porter ce qu'on appelle des *body cameras* lors de leurs interventions pourrait réduire sinon le risque de faux témoignages, du moins la probabilité qu'ils emportent la conviction.

Dans le cas de l'opération qui s'est conclue par la mort d'Angelo, de telles caméras auraient certainement permis de savoir ce qui s'était réellement passé dans la resserre. Les questions posées par les officiers de police judiciaire laissent entendre qu'il aurait été souhaitable qu'ils en soient munis. Du reste, leur présence aurait peut-être même modifié le comportement des gendarmes tout au long de l'opération. On peut en avoir une indication dans la manière dont, lors de leurs auditions, ces derniers présentent leurs actions. Non seulement ils se servent d'un langage strictement technique, parlant de prendre en compte des personnes, de traiter des bâtiments ou de s'éloigner de l'objectif, mais certains dépeignent même étonnamment leur attitude vis-à-vis des membres de la famille comme affable et bienveillante. L'auteur de la première série de tirs, en particulier, insiste sur les attentions qu'il manifeste à leur égard. Il raconte s'être montré très prévenant dans l'interpellation du fils et très précautionneux dans la pose de ses liens. Il précise avoir un peu plus tard rassuré le père dont il avait momentanément la garde en lui disant que tout allait bien se passer. Ces descriptions insolites contrastent non seulement avec les récits d'ordres vociférés, de brutalité exercée et d'humiliation imposée tels que rapportés par les proches d'Angelo et suggérés par les blessures exhibées lors de leurs auditions, mais aussi avec l'ensemble du dispositif d'intervention tel que décrit par d'autres militaires : l'allure des hommes cagoulés, le harnachement de boucliers et de casques, l'utilisation de pistolets mitrailleurs et semi-automatiques, le placage au sol des hommes menottés sous le contrôle d'une arme. Compte tenu de la suite des événements pour ce qui concerne ce gendarme, l'intention de cet apparent enjolivement semble être de donner une image neutre, voire bénigne, de son comportement, le rendant moins suspect de nervosité et d'agressivité.

Quoi qu'il en soit, mentir est rarement un acte gratuit, surtout lorsqu'il est collectif. Il y a une rationalité au mensonge. On ment généralement quand on a intérêt à le faire, soit pour se protéger, soit pour protéger des personnes dont on est proche. C'est vrai en particulier quand des sanctions sont en jeu. Ainsi, le père, la mère et l'oncle affirment lors de leur première audition qu'ils ignoraient qu'Angelo se trouvait dans leur propriété. C'est faux et, du reste, ils rectifient ultérieurement leur témoignage. Mais on comprend le bénéfice qu'il y a pour eux à tenir ce discours alors que, choqués par les événements qu'ils viennent de vivre, ils ne savent pas ce qu'ils risquent pour avoir hébergé un proche considéré comme en cavale, d'autant qu'ils ont été traités comme des criminels dangereux par des gendarmes en tenue de combat qui les ont maintenus captifs pendant plusieurs heures. Pour montrer ses bonnes dispositions à l'égard de la loi, le père précise même qu'il a eu son fils au téléphone quelque temps auparavant et lui a recommandé de se présenter à la prison, ce qui semble en l'occurrence exact. Le récit fallacieux concernant la présence d'Angelo à leur domicile est maladroit, mais il a donc une raison d'être : ce que le procureur appelle leur loyauté.

Pour ce qui est des événements qui se sont produits dans la remise, l'intérêt à mentir se pose différemment. On devine sans difficulté les motivations qui peuvent conduire les deux gendarmes qui ont tiré sur Angelo, leurs camarades qui étaient présents à leurs côtés et même leurs supérieurs situés à l'extérieur à travestir la vérité dans la mesure où, pour les premiers, s'il était établi qu'ils ont tiré sans être en situation de légitime défense ils seraient jugés aux assises, pour les deuxièmes, ne pas se montrer solidaires de leurs collègues serait considéré comme un grave manquement à l'esprit de corps, et pour les derniers, la violation des règles d'engagement et la responsabilité dans un homicide entraîneraient des enquêtes sur le bien-fondé et les modalités de l'intervention, provoqueraient un scandale public et terniraient l'image du GIGN. À l'inverse, la probabilité que soit découverte la tromperie demeure infime. Le rapport bénéfice/risque de présenter un récit trompeur leur est donc très favorable. En revanche, on voit mal les motivations pouvant conduire les proches d'Angelo à falsifier les faits dont ils ont été les témoins en faisant croire qu'aucun bruit n'a été entendu après l'entrée des militaires dans la remise, en inventant qu'un gendarme a appelé au cessez-le-feu et à l'usage de grenades, et en imaginant des discussions feutrées entre les militaires après les tirs. D'un point de vue rationnel, le mensonge est plus logique d'un côté que de l'autre. Ce qui ne prouve pas que ceux qui avaient intérêt à mentir l'aient fait et que ceux qui n'y avaient pas intérêt ne l'aient pas fait.

Mais mentir n'est pas seulement un problème de rationalité, c'est aussi une question de moralité. En philosophie, deux conceptions de l'éthique s'opposent depuis plus de deux siècles. Selon la première, dite conséquentialiste, on juge de la moralité d'un acte en fonction des effets qu'il produit. Mentir peut donc être justifié si les répercussions du mensonge sont globalement positives. Selon la seconde, dite déontologique, on juge de la moralité d'un acte en fonction de sa conformité à des devoirs, indépendamment de ses conséquences. Mentir est donc toujours condamnable car ce n'est pas respecter l'obligation de dire la vérité. Dans une perspective déontologique, les gendarmes ne peuvent donc pas mentir, d'autant qu'ils sont assermentés, mais dans une approche conséquentialiste, ils peuvent penser que, même si la version qu'ils présentent aux magistrats et aux enquêteurs est fausse, dire qu'Angelo était armé et qu'il y a eu des avertissements avant les tirs évite d'inutiles dommages collatéraux, notamment une épreuve douloureuse pour leur entourage, s'ils sont condamnés, et une fragilisation préjudiciable à l'institution, car le procès des tireurs ne manquerait pas d'être aussi celui du GIGN, et ce d'autant qu'ils peuvent se convaincre que cela ne change plus rien pour leur victime. Les militaires pourraient ainsi trouver une justification morale à une éventuelle falsification des faits. Par contraste, pour ce qui concerne la famille, si elle mentait, la seule satisfaction d'une vengeance indue contre les forces de l'ordre serait inacceptable du point de vue du conséquentialisme car elle ne peut être considérée comme un effet positif, tandis qu'en termes déontologiques une telle action serait doublement condamnable, au regard de la vérité qu'elle corromprait et de la justice qu'elle trahirait au moment même où elle s'en réclame. Ses membres ne peuvent guère trouver une justification à une altération de la réalité. Il y a donc une asymétrie des positions au regard de la morale en cas de mensonge puisque les militaires peuvent trouver des arguments pour mentir tandis que la famille peut difficilement le faire. Mais là encore, que les uns puissent penser agir moralement en ne disant pas la vérité quand les autres ne le peuvent pas ne préjuge pas de ce qui s'est passé.

Il existe une dernière dimension, rarement discutée, du mensonge : c'est sa relation au sacré. Lorsqu'ils prêtent serment, les gendarmes ne sont probablement pas conscients que ce mot partage avec le mot sacrement la même étymologie latine et que sa signification correspondait originellement à une promesse ou une affirmation formulée en invoquant Dieu, un être ou un objet sacré. Dans sa version profane contemporaine, il n'est plus question, prosaïquement, que d'obéissance au chef et de bon usage de la force. En revanche, pour les voyageurs, l'interdit du sacré semble conserver de sa force dans certaines circonstances particulières. On a un principe, dit la plus jeune sœur d'Angelo. On ne ment jamais sur la mort de quelqu'un. Mais le sacré n'a guère sa place dans un tribunal.

XVII

Reconstitution

Elle n'a, à proprement parler, jamais été effectuée. Il y a bien eu, le lendemain du drame, une remise en situation avec des gendarmes en présence du procureur et des enquêteurs, mais celle-ci s'est déroulée en l'absence des cinq témoins de la famille. Il y a également eu, six mois plus tard, un transport sur les lieux de la juge d'instruction en présence d'une représentante du parquet et d'inspecteurs de la gendarmerie, mais il s'agissait essentiellement de vérifier l'agencement de la propriété et la portée des voix entre la remise et la terrasse. Il a finalement été considéré que les éléments du dossier suffisaient pour savoir ce qu'il fallait décider concernant les deux gendarmes mis en examen, d'un non-lieu ou d'un renvoi aux assises. La reconstitution judiciaire, qui n'est pas systématique, n'était pas nécessaire. Le non-lieu a été prononcé. Il a été confirmé en appel. La justice est passée.

Si la reconstitution judiciaire était donc inutile, peut-on cependant imaginer une autre reconstitution ? Faite non pas pour rendre la justice, mais pour rendre justice. Rendre la justice relève des missions de l'institution judiciaire. Son activité est indispensable à la démocratie, mais nombre d'études montrent qu'elle tend souvent à faillir au principe d'égalité de traitement entre les parties dans l'attention accordée et les ressources mobilisées aussi bien que dans les procédures mises en œuvre et dans les peines prononcées. Rendre justice consiste au contraire à tenter de rétablir une forme d'équité en attribuant à chaque partie la même valeur. Dans le cas de la mort d'Angelo, les enquêteurs de l'Inspection générale de la gendarmerie nationale n'ont pas plus signalé la contradiction apportée par les témoignages de la famille que le procureur de la République ne l'a retenue. Au départ de la procédure, la parole des proches d'Angelo a été écartée tout comme leur présence lors de la remise en situation a été jugée inutile. Leur rendre justice, c'est non seulement écouter ce qu'ils ont à dire, mais aussi reconnaître que ce qu'ils ont à dire à propos de la mort de leur fils, frère ou neveu a le même mérite que ce que les gendarmes ont pu en dire. C'est là une nécessité méthodologique autant qu'une exigence éthique.

De ce principe d'égalité de traitement, une autre forme de reconstitution s'ensuit. Elle consiste à colliger l'ensemble des pièces du dossier et à les considérer sans préjuger du fait que certaines paroles doivent bénéficier de plus de crédit que d'autres, que certaines contradictions ne requièrent pas le même examen que d'autres, que certains éléments de preuve retiennent moins l'attention que d'autres au regard des différentes versions des faits. Elle suppose également d'entendre ce que les protagonistes peuvent dire à distance des événements lors d'auditions ou d'entretiens et d'en tenir compte sans autre enjeu que de rendre justice à chacun. Essayons de réunir ces pièces.

La version des cinq membres de la famille présents sur place est à la fois simple et convergente. Un bruit est entendu dans le local tandis que les gendarmes viennent de terminer les fouilles des lieux. Plusieurs d'entre eux se dirigent alors vers la petite dépendance. Quelques secondes après qu'ils y ont pénétré, une série de tirs retentit. Aucun son n'a été perçu dans ce bref intervalle de temps hormis celui du déplacement des hommes à l'intérieur. Ni signe d'affrontement, ni vociférations de la victime, ni injonctions des militaires. Simplement les bruits de pas et d'objets bousculés. Et juste après les tirs, un râle entendu par certains. Puis un militaire accourt en criant de cesser le feu et de recourir aux grenades. Il y a ensuite un moment d'échanges étouffés dans la remise. Un militaire sort, portant un tissu ensanglanté que le père et la belle-sœur reconnaissent comme étant le tee-shirt d'Angelo. Deux autres apparaissent à leur tour, transportant un troisième apparemment commotionné, mais que la famille voit se relever un peu trop rapidement dans la cour. Alors qu'ils interrogent les militaires pour savoir ce qui s'est passé, ces derniers les déplacent à distance des lieux du drame près du muret d'enceinte du jardin. La seule variante, éphémère, de ce récit provient de la première audition de la belle-sœur quatre heures après le drame, dans ce qu'elle décrira ensuite comme un état de choc. Elle explique d'abord qu'elle a seulement entendu des objets tomber dans la grange après l'entrée des gendarmes, puis lorsqu'elle est sommée de reprendre son récit de la journée, mentionne les cris de quelqu'un qui pourrait être Angelo, sans qu'aucune précision ne lui soit demandée sur leur chronologie exacte, avant ou après que les militaires ont tiré. Dans son audition ce qu'elle confirme dans un entretien ultérieur par la juge, elle assure toutefois n'avoir entendu ni les gendarmes ni son beau-frère dans le bref instant précédant les tirs.

La version des gendarmes est elle aussi claire et cohérente. Du moins dans sa version moyenne. La trame commune est la suivante. Dans le cadre de la fouille systématique des lieux où peut se cacher l'homme qu'ils veulent interpeller, deux gendarmes pénètrent dans un local adjacent à l'habitation principale, suivis par trois autres. Ils y découvrent l'objectif et se signalent à lui. Au moment où ils tentent de le saisir, l'un d'eux constate qu'il a un couteau et prévient ses collègues. Ils reculent pour se protéger mais l'homme se jette sur eux, les menaçant avec son arme. Deux tirs de pistolet à impulsion électrique ne parviennent pas à l'arrêter. Le voyant sur le point de frapper son camarade, l'un des militaires tire puis se trouve projeté en arrière et fait feu à nouveau. Un autre, juste derrière lui, voyant l'homme se précipiter dans sa direction alors que son camarade est au sol, tire à son tour. L'individu s'effondre en avant. On l'installe sur le dos et on le menotte. On appelle les secours pour les deux blessés. Il s'avère rapidement que l'homme est mort. On lui ôte alors ses liens. Quant au gendarme qui a fait une chute, il est évacué, encore sonné. Dans la cour, on le débarrasse de son équipement et il se relève. Une première restitution est effectuée dans la remise avec le chef de groupe, puis une autre dans la cour. L'unité d'élite se regroupe pour un débriefing.

Les auditions des gendarmes, notamment celles qui ont été réalisées le soir même de la mort d'Angelo, révèlent cependant de substantielles variations qui impliquent même des contradictions difficilement surmontables, mais que ni le rapport des officiers de police judiciaire de l'Inspection générale de la gendarmerie nationale, ni les réquisitions du ministère public, ni l'ordonnance de la juge d'instruction ne relèvent. Considérons les déclarations de chacun à deux moments cruciaux : lors de la découverte d'Angelo et pendant l'affrontement.

Au moment de la découverte de l'objectif, un premier gendarme affirme qu'il aperçoit un individu assis en boule, qu'il lui demande de lever les bras et que l'homme s'exécute sans délai, se mettant debout les mains en l'air et restant un moment sans bouger dans cette position, bien qu'il lui ordonne alors d'avancer. Le second adjudant, qui se trouve à ses côtés, raconte qu'une fois éclairé par le laser l'homme leur fait face, gesticule, hurle, les insulte et refuse d'obtempérer à l'ordre répété de se coucher au sol. Le premier adjudant, qui est juste derrière ses deux collègues, explique qu'il est arrivé quelques secondes après que l'homme a été trouvé, mais assure que ce dernier n'a pas émis un son durant toute l'intervention. Un deuxième gendarme entend ses collègues dire à l'individu de se rapprocher tandis que celui-ci se tient debout devant eux, dans une posture de boxeur en garde, les poings en avant. Quant au troisième gendarme, il n'apporte guère de précisions. En somme, dans les premiers instants de l'interaction avec les militaires, Angelo était-il immobile ou agité ? Vociférait-il ou se taisait-il ? Levait-il les mains en l'air ou avait-il les poings en avant ? Et les ordres qui lui étaient donnés lui intimaient-ils de se lever, de se coucher ou d'avancer ?

Pendant la confrontation, le premier gendarme relate qu'au moment où il veut saisir l'individu ce dernier se débat et sort un couteau, faisant de grands gestes devant lui. Un premier tir de Taser par un de ses collègues ne l'ébranle pas plus que le sien, et il le voit arracher les ardillons plantés dans son corps. Esquivant un coup de lame, il tombe avec son assaillant et, se retrouvant au sol allongé contre lui, parvient à lui saisir le poignet pour lui faire lâcher le couteau. Dans sa chute, il a entendu des coups de feu. D'après le second adjudant, c'est lui qui essaie de maîtriser l'individu à mains nues mais s'interrompt en entendant son camarade annoncer la présence d'un couteau. À deux reprises, il aperçoit les électrodes qui pénètrent les flancs du forcené, lequel entre dans une rage incontrôlable. Il voit l'homme tenter de frapper son collègue à la gorge, tire une première fois, prend un coup dans le menton sans savoir qui l'a frappé et bascule à la renverse, puis, alors qu'il est au sol, voit l'individu toujours debout et fait feu une seconde fois avant de perdre connaissance. Le premier adjudant, lui, ne décrit pas de tentative d'attraper l'homme et ne le voit à aucun moment avec un couteau, se demandant même s'il n'est pas plutôt porteur d'une arme de poing. Il fait état d'un tir de Taser dont le forcené tente de se débarrasser des filaments. Il relate que l'individu se jette sur ses camarades, que l'un d'eux tombe en arrière, que l'autre est entraîné vers le mur, que des coups de feu sont tirés et que quelqu'un crie : Touché !, ce qu'il interprète comme la blessure d'un de ses collègues. Alors qu'il voit l'homme progresser vers lui, menaçant, il fait feu à bout portant. Le sang afflue et le forcené s'affaisse. Le deuxième gendarme rapporte qu'il approche l'homme et s'efforce de le prendre par l'épaule sans y parvenir. L'individu reste d'abord dans sa position initiale, tout en faisant des gestes circulaires avec son arme, puis esquisse un mouvement vers l'avant. Deux tirs de Taser l'atteignent, mais il arrache les fils. Des coups de feu retentissent, mais il continue de marcher vers les gendarmes le couteau pointé vers eux. Finalement, il s'effondre. Enfin, le troisième gendarme voit les premier et deuxième gendarmes essayer d'agripper la cible, qui les repousse et sort sa lame. Insensible aux deux décharges électriques dont il s'est débarrassé des fils, l'homme s'approche des militaires et veut leur porter des coups circulaires. Quelqu'un ouvre le feu, il avance toujours. Tous tombent au sol, y compris le forcené. L'affrontement est décrit comme une mêlée de rugby.

Qu'en est-il donc de ce moment crucial ? Même si l'on néglige des variations mineures, comme le fait que tous sauf un ont vu deux tirs de Taser et que tous sauf un autre ont vu les fils en être arrachés, détails que les enquêteurs notent néanmoins lors des auditions, des éléments troublants n'en subsistent pas moins. Comment l'auteur du tir supposé mortel a-t-il pu ne jamais voir le couteau alors qu'il décrit l'homme avançant agressivement face à lui ? Quelqu'un a-t-il pu vraiment crier : Touché ! comme il le dit, bien que quatre des cinq militaires ne l'aient pas entendu ? Étaient-ils un, deux ou bien trois à empoigner leur cible avant qu'elle ne sorte son arme ? Étaient-ils un, deux ou encore quatre à se retrouver au sol à la fin de la séquence ? Finalement, Angelo s'est-il effondré immédiatement après avoir reçu le coup de grâce, comme le dit le tireur qui se trouvait devant lui et pense l'avoir mortellement touché, ou bien a-t-il continué à se battre, une fois tombé au sol, se livrant à un corps à corps alors qu'on essayait de lui arracher son arme, comme le prétendent deux de ses collègues ?

Comment interpréter ces fluctuations des récits ? La scène se déroule dans un très court laps de temps avec une charge émotionnelle forte. Dans de telles circonstances, les souvenirs peuvent s'avérer confus. Mais si les psychologues attestent en effet l'existence de faux souvenirs, en particulier lors d'événements traumatiques, on pourrait s'attendre à les retrouver plutôt du côté de la famille, qui vient de perdre un être cher, que des gendarmes, en particulier pour ceux qui ne sont pas impliqués dans le décès. Or, c'est ici l'inverse. Tout aussi notable est le fait que les officiers de police judiciaire n'explorent guère ces discordances lors des auditions et que les décisions de justice ultérieures n'en fassent pas état, surtout lorsque des contradictions manifestes existent à propos d'éléments relativement faciles à différencier. C'est la même absence de curiosité qui transparaît dans les brèves auditions des membres de la famille lorsqu'on se contente de leur affirmation qu'il n'y a pas eu de sommations, ce que les gendarmes eux-mêmes reconnaissent, sans leur demander de préciser s'ils n'ont pas non plus entendu d'injonctions des militaires, de vociférations de leur parent ou encore d'autres bruits évocateurs d'une bagarre. Quant au fait que l'individu abattu soit décrit par les gendarmes comme étant torse nu alors que la famille est formelle sur le fait qu'il est entré dans la resserre vêtu d'un tee-shirt, qu'elle le décrit comme frileux et donc guère enclin à se dévêtir dans un local frais en ce début de printemps, et que deux de ses membres affirment avoir vu sortir un militaire portant un vêtement ensanglanté, qui disparaît ensuite, il ne donne lieu à aucune exploration.

Mais les récits, ceux de la famille comme ceux des militaires, ne sont évidemment pas les seules données sur lesquelles fonder une intime conviction. À côté de la véracité des faits, il y a leur vraisemblance. Lors de la première comparution, la juge d'instruction semble à demi-mot en douter lorsqu'elle demande aux gendarmes s'ils ne pensent pas qu'il y ait disproportion entre la menace d'un homme seul muni d'un couteau dans un espace confiné et l'intervention de cinq hommes porteurs de pistolets à impulsion électrique, de pistolets mitrailleurs et de pistolets semi-automatiques qui font feu à huit reprises. Au-delà de la disproportion, c'est en effet la plausibilité même qui est en cause, comme le souligne l'avocate de la famille, car il faut imaginer qu'un homme muni seulement d'une lame veuille s'attaquer à cinq militaires surarmés, suréquipés, protégés par des casques et des gilets pare-balles. C'est cette même vraisemblance qu'on aurait pu interroger à propos des réactions sidérantes du présumé forcené aux dizaines de milliers de volts des tirs de Taser qui ont normalement pour effet de bloquer le système nerveux et de provoquer des paralysies temporaires, occasionnellement la mort, et qui dans le cas présent n'entraînent qu'un bref spasme suivi d'un regain de vigueur. On comprend cependant l'importance pour les militaires que ne soit pas remise en cause l'éventualité de telles réactions supraphysiologiques, y compris chez un homme de corpulence modeste auquel un précédent tir de Taser avait laissé des douleurs costales séquellaires, puisque ce sont les décharges électriques qui permettent de valider le bien-fondé de l'usage ultime des pistolets semi-automatiques : le caractère graduel de la riposte. Ni l'invraisemblance de l'attaque de la victime seule contre cinq hommes du GIGN ni l'improbabilité de la réaction à la suite d'une puissante décharge électrique ne suffisent à infirmer la version des gendarmes, mais la conjonction des deux est troublante.

L'examen des faits en vue de reconstituer leur séquence doit aussi prendre en compte les éléments de preuve qui ne sont liés ni aux témoignages des protagonistes, dont on peut toujours suspecter qu'ils sont biaisés, sinon mensongers, ni aux appréciations des enquêteurs sur le caractère plausible ou non de certains faits. Il est certes remarquable que des scellés n'aient pas été mis sur les lieux du drame, que les gendarmes aient pu continuer à y passer du temps et que l'arrangement de la pièce ait été, comme ils le reconnaissent, modifié. Il n'en demeure pas moins qu'ont pu être réunis certains éléments objectifs, y compris par défaut. Lors de l'expertise médico-légale effectuée le soir même, le premier gendarme, qui déclare avoir été agressé au niveau du cou, ne présente aucun signe clinique dans la partie supérieure du corps, pas même une éraflure, tandis que le second adjudant, qui raconte avoir été projeté en arrière par un coup violent au menton, n'a pas de trace visible de cette agression, pas même un hématome. Des écorchures sont signalées dans les deux cas, mais elles se situent sur les membres. Par ailleurs, le rapport de police technique fait état de la présence d'un couteau dans le prolongement de la main droite de la victime à quelques centimètres de distance, une disposition suggérant qu'il vient d'être lâché, alors que le premier adjudant, qui assure n'avoir jamais vu l'arme pendant toute la durée de l'affrontement, affirme avoir déplacé et retourné le corps par souci de dignité, inversant dès lors la position des bras droit et gauche. Est-on d'ailleurs certain que le couteau a bien été utilisé dans la remise ? La transmission par radio du médecin urgentiste à son collègue régulateur peut amener à en douter, puisqu'il lui déclare que le gars n'était pas armé, ajoutant qu'on lui demande expressément une discrétion totale. On peut évidemment arguer qu'il ne s'agit au fond que d'ouï-dire dont l'urgentiste se fait l'écho, mais l'embarras dont il témoigne lors de son audition renforce le doute quant à l'attaque au couteau.

Deux autres éléments objectifs méritent peut-être davantage de retenir l'attention : l'autopsie complétée par la balistique et l'examen scientifique des Taser. D'une part, l'autopsie révèle, comme on l'a vu, l'existence de cinq atteintes au niveau du thorax, dont les trajectoires des projectiles sont toutes fortement inclinées du haut vers le bas, avec des angles de plus de quarante-cinq degrés et pour l'une d'elles même presque verticale. Elles impliquent donc que les auteurs des tirs mortels se trouvaient nettement au-dessus de la victime et, de surcroît, probablement très proches. Or ils affirment, pour l'un, qu'il a fait feu sur la cible debout devant lui, puis à nouveau quand lui-même était déjà au sol, et pour l'autre, qu'il lui faisait face également. Ce qui supposerait des trajectoires horizontales ou ascendantes, contraires aux données de l'autopsie et de la balistique. D'autre part, l'enregistrement de l'heure des tirs des pistolets à impulsion électrique montre un décalage a priori surprenant de près de sept minutes. En fait, la synchronisation réalisée en laboratoire révèle que l'une des deux armes était en avance et l'autre en retard par rapport à l'heure réelle. Si l'on tient compte de la double correction, il demeure cependant un intervalle significatif : neuf secondes entre les deux déclenchements. Or, les militaires évoquent des usages rapprochés des Taser, ce qu'au regard de la violence de l'agression alléguée on peut en effet imaginer, puisque les auteurs des tirs mortels indiquent que l'action est allée si vite qu'ils disent n'avoir pas eu le temps d'effectuer des sommations avant de faire feu. L'expertise établit aussi que l'arme du gendarme qui se souvient d'en avoir fait usage en second est déclenchée avant celle de son collègue qui, lui, déclare avoir tiré le premier. Ni les données de l'autopsie ni les mesures des Taser, dont les résultats sont pourtant mentionnés dans l'ordonnance de non-lieu, ne font l'objet de discussion dans les conclusions de ce document.

Comme il est normal, le rôle de la justice dans cette affaire se limite à déterminer si les mis en examen pour violences avec usage d'une arme ayant entraîné la mort sans intention de la donner doivent ou non être jugés aux assises et, le cas échéant, faire ou non l'objet d'une condamnation. La reconstitution judiciaire, si elle avait eu lieu, aurait donc été circonscrite à la remise et aux événements qui s'y sont déroulés, et c'est bien à l'intérieur de ce périmètre que l'instruction a été fort logiquement conduite. Mais une analyse sociologique, elle, doit s'affranchir de ces limites et situer ce qui s'est joué lors des tirs dans un cadre plus large. En effet, l'enjeu du drame ne peut pas être seulement de savoir si les deux gendarmes ont fait feu en état de légitime défense ou bien s'ils ont commis une faute en cédant à la panique lorsqu'ils ont découvert l'homme qu'ils étaient venus interpeller. Il doit aussi être de comprendre les circonstances qui conduisent à ce qu'une opération mobilise une vingtaine de militaires en formation d'assaut pour arrêter un homme dont l'essentiel des délits a consisté en des conduites sans permis et des vols sans violence et qu'un juge de l'application des peines a estimé suffisamment peu inquiétant pour lui donner une permission de sortir de prison aux deux tiers de sa peine. Un policier a confié à un journaliste d'un quotidien national qu'il pensait que l'intervention du GIGN était en fait un exercice d'entraînement. Ce n'est cependant là qu'une conjecture. Plus avéré est le fait qu'avec la multiplication d'unités spéciales des forces de l'ordre théoriquement chargées d'intervenir dans des contextes extrêmes tels que des actes de terrorisme ou des prises d'otages, on assiste de fait à un abaissement de leur seuil d'intervention dans la mesure où leur existence implique leur utilisation bien au-delà des événements exceptionnels pour lesquels elles ont été créées. Même si l'interpellation d'Angelo n'est pas conçue explicitement comme un exercice d'entraînement pour le GIGN, elle traduit le fait que, pour des opérations de plus en plus ordinaires, on n'hésite pas à faire appel à lui. Puisqu'il existe, il faut bien qu'il soit employé et, heureusement, les actes de terrorisme et les prises d'otages sont rares. On lui confie ainsi des interventions pour des cibles relativement mineures. C'est la même logique qui a prévalu dans la dissémination des BAC, les brigades anticriminalité, dans les quartiers populaires, de même que dans la banalisation du recours aux ERIS, les équipes régionales d'intervention et de sécurité, dans les prisons. Tout comme aux États-Unis, où elle atteint des sommets avec l'intégration de l'armement de guerre dans la sécurité intérieure, la militarisation des forces de l'ordre se normalise, conduisant à des actions d'ampleur démesurée.

Mais cette évolution ne se distribue pas également dans la société. Il faut en effet se demander quelles sont les conditions de possibilité d'une intervention aussi disproportionnée que funeste. Les témoignages de tous les gendarmes impliqués dans cette opération confirment à cet égard que le fait que l'interpellation concernait un voyageur a été un élément déterminant dans la décision de la justice de faire appel au GIGN plutôt qu'à d'autres unités de gendarmerie. D'abord, parce que les individus ainsi caractérisés sont généralement vus a priori comme dangereux et font l'objet de craintes peu rationnelles dans la mesure où il est exceptionnel qu'ils s'en prennent aux personnes en dehors de leur communauté et a fortiori s'attaquent à des forces de l'ordre, surtout s'agissant de personnes sédentarisées bien connues des gendarmes de leur brigade territoriale. Ensuite, parce que les militaires savent que, même si des abus sont commis lors d'une intervention dans cette population, ils resteront sans conséquences, comme l'atteste le fait que les humiliations de la famille et les destructions dans leur habitation n'aient fait l'objet ni d'excuses ni d'indemnisations. Ce sont ainsi la déconsidération, la stigmatisation et la marginalisation des voyageurs qui rendent possible ce qui serait inimaginable dans d'autres mondes sociaux. Le racisme diffus à leur encontre dans l'ensemble de la société est bien la cause sociologique ultime du décès d'Angelo tout autant que les tirs mortels. Le poids de cette tragédie ne peut donc reposer sur les seules épaules des deux gendarmes, soit qu'on les innocente, comme l'a fait la justice, soit qu'on les sanctionne, comme le demande la famille.

Cependant, dès lors que la décision de non-lieu les concernant a été construite en écartant les incohérences et les divergences des témoignages, les invraisemblances des faits, les négligences de procédure, les preuves troublantes, il importe d'en réexaminer les attendus. Ou plutôt de réexaminer le récit qui la sous-tend. Ne peut-on en effet en concevoir un autre qui réintégrerait ces éléments pour en saisir le sens ? Car ensemble, ils font sens. Ce qui était incompréhensible, absurde, étrange, contradictoire dans la version des événements présentée comme vérité judiciaire peut, à partir d'une reconstitution attentive aux seuls faits, recouvrer une intelligibilité et une signification. Imaginons donc une autre version de ce qui a pu se passer le jour de la mort d'Angelo.

XVIII

Ce jour-là

Le premier adjudant entend le téléphone. Regarde son réveil. Dix heures. Il n'a dormi que quatre heures. Il est d'alerte cette semaine et ils ont eu une intervention au cours de la nuit. Interpellation de quatre personnes dans une maison située à deux cents kilomètres de l'escadron. Des dealers. La mission s'est déroulée comme prévu. Il se lève, s'habille et rejoint son groupement dont les membres sont en train de se rassembler. Il apprend que la nouvelle opération concerne un évadé d'une prison de la région. Il appartient à la communauté des gens du voyage. Il a été localisé dans la ferme de ses parents. On a fait appel au GIGN car l'homme est réputé dangereux, peut-être armé. Son interpellation est censée dépasser le cadre des missions du Groupe d'observation et de surveillance qui aurait dû le prendre en charge. Il y a un briefing. On leur montre la photo du fugitif et de son fils qui voyagent ensemble dans un véhicule blanc. On leur présente le plan de la ferme avec la localisation des caravanes et les identités des résidents. Les modalités de l'intervention leur sont brièvement indiquées, car il ne faut pas risquer que l'individu quitte les lieux avant qu'ils n'arrivent. Le premier adjudant s'interroge : le recours au GIGN n'est-il tout de même pas disproportionné pour arrêter un gitan ? Si le gars a eu une permission de sortir de la prison, il ne doit tout de même pas être si méchant.

Les militaires s'équipent de leur lourd harnachement et de leur armement d'assaut sophistiqué. Tous ont un gilet pare-balles, un casque avec visière, un pistolet semi-automatique avec dispositif laser, des grenades assourdissantes. Pour le reste, les équipements sont différenciés en fonction du positionnement dans les divers groupes. Les uns se munissent d'un bouclier, d'autres d'une radio portative et d'une trousse de secours, d'autres encore de fusils à pompe, de pistolets mitrailleurs ou de Taser. Titulaire d'une formation à l'effraction par explosif, le premier adjudant dispose d'un bélier. Le poids total de ce que portent les militaires peut atteindre quarante kilos.

L'opération commence. Une quinzaine de gendarmes s'entassent à l'arrière d'un camion banalisé. Dans la cabine, à l'avant, trois des leurs, en civil, casquette vissée à l'envers. Incognito. Le fourgon n'est vraiment pas confortable pour un trajet de plus d'une heure. Au passage, le chauffeur constate que les barrages sur la route ont commencé à se mettre en place. En arrivant sur place, on les informe que le scénario s'est modifié car il n'y a plus qu'un occupant dans le véhicule stationné aux abords de la ferme. Ce sera un peu plus compliqué. Parvenu devant le portail, le fourgon s'arrête. Les gendarmes s'en extraient sans bruit. Deux d'entre eux interpellent facilement l'adolescent assis dans la voiture qui tente tout de même de prévenir sa famille en criant : Les clistés ! Ils le menottent et le font s'allonger sur le bord de la route. Quatre autres partent se placer autour de la propriété. Le reste se rassemble par groupes de trois et fait irruption dans la cour en annonçant : Gendarmerie ! Plusieurs militaires se précipitent en hurlant des ordres en direction des quatre résidents présents, trois hommes et une femme en train de préparer une grillade. D'un coup de pied, ils poussent les hommes vers le sol, les entravent avec des liens souples et les maintiennent un pied sur les reins. Ils intiment à la femme de se mettre à genoux mains sur la tête, elle est bientôt rejointe par une autre qui se trouvait plus loin dans sa caravane et qu'ils n'avaient pas vue en entrant. Ils les tiennent tous en respect avec leur arme. La situation est sous contrôle. Les prisonniers protestent vigoureusement. L'homme qui semble être le père, un tuyau dans le nez, visiblement essoufflé, réclame son oxygène. La femme qui doit être son épouse, chancelante, se plaint de douleurs. Les gendarmes leur demandent de la fermer. Un petit enfant contemple la scène avec stupeur. Un militaire lui dit d'aller au lit.

Pendant ce temps, toutes les habitations sont visitées selon le schéma de déploiement des groupes décidés à l'avance. De fond en comble, lits soulevés, armoires vidées, meubles déplacés. Le premier adjudant se charge des caravanes avec deux de ses camarades. Les autres équipes explorent les bâtiments. L'objectif demeure introuvable. Aurait-il eu le temps de s'enfuir par-derrière vers le petit bois qui est situé à quelques dizaines de mètres seulement de la clôture ? Évidemment, pas moyen de tirer la moindre information de la famille. Les militaires qui ont terminé de fouiller les lieux se rassemblent au milieu de la cour pour décider de la suite à donner à l'opération. Après le tapage des premières minutes de l'intervention, une forme de calme semble revenue. Les parents ont fini par cesser leurs plaintes et leurs questions. Les gendarmes discutent de la conduite à tenir. Soudain un bruit les alerte. Il provient d'une dépendance du bâtiment principal à laquelle ils n'ont pas jusqu'alors prêté attention. Deux d'entre eux s'engagent dans sa direction. Le premier adjudant décide de les suivre. Deux autres militaires lui emboîtent le pas.

Les deux hommes du GIGN pénètrent dans la remise. Ils ont leur pistolet mitrailleur à la main. Dans l'obscurité, ils ne distinguent rien qu'un désordre d'objets qui encombrent le sol et gênent leur progression. Le second adjudant fait un transfert d'arme. Il laisse pendre son arme longue et se saisit de son pistolet semi-automatique dont il allume le dispositif laser. Le faisceau balaie le local. Ce sont des caisses, des outils, des vieux meubles. Il avance difficilement dans ce fatras et bute sur des cartons. Se mouvoir avec un équipement si pesant dans cet environnement est tout sauf facile. Derrière lui, le premier adjudant est entré, suivi de deux autres gendarmes. Tous les trois ont leur pistolet semi-automatique au poing. Soudain, l'appareil lumineux éclaire à une faible distance, un mètre, peut-être moins, une silhouette recroquevillée dans un recoin, contre le mur du fond, à peine à un mètre devant eux. Se sachant découvert, l'homme a levé les mains en l'air et commencé à se redresser. Surpris, le second adjudant a tressailli en l'apercevant si près de lui. Il ne contrôle pas sa réaction. Il tire. Plusieurs balles. Dans le thorax. Trébuche sur un obstacle, tombe à la renverse, bouscule son collègue et tire encore. Derrière lui, le premier adjudant n'a pas compris ce qui se passait. Il tire à son tour. Une seule balle. Presque à bout portant. Un geste réflexe. L'homme s'effondre. Il émet un bref râle. Dehors, quelqu'un hurle d'arrêter de tirer. Peut-être d'utiliser une grenade pour faire sortir la cible. Trop tard. Elle est touchée. Sérieusement. Tout est allé si vite. Quelques secondes seulement.

Avec l'aide de l'un de ses camarades, le premier adjudant redresse l'homme et le menotte machinalement. C'est la routine dans une interpellation. L'individu semble inconscient. Son tee-shirt est plein de sang. Ses fonctions vitales sont défaillantes. Mais l'idée de tenter de le réanimer ne vient à personne. Le second adjudant se relève. Il s'est fait des égratignures en tombant. Il entrevoit dans la pénombre l'homme allongé à ses pieds. Il se sent comme assommé, moins par l'effet de la chute que par la conscience de ce que son geste vient de provoquer. Le premier adjudant paraît lui aussi désemparé. C'est la première fois qu'il se sert de son arme pour tirer sur une personne. Quelqu'un fait un appel radio pour demander des secours. Un officier entre dans la remise. Il demande s'il y a des blessés, découvre l'homme agonisant et devine ce qui vient de se passer en voyant les gendarmes consternés. Il évalue rapidement la situation. Les choses se présentent mal. Un individu seul, sans arme, face à cinq gendarmes munis de pistolets mitrailleurs et semi-automatiques. Deux de ses agents ont cédé à la panique. L'officier anticipe les complications, le scandale dans les médias, les réactions des associations, les enquêtes internes, le procès. Difficile, dans ce cas, de justifier la légitime défense.

L'argument suppose l'absolue nécessité et le caractère proportionné. Autrement dit, qu'il y ait atteinte ou menace à la vie ou à l'intégrité physique de l'agent ou d'une autre personne, qu'il y ait eu des sommations faites à haute voix et que tout autre moyen que l'usage des armes se soit révélé impossible. L'un des gendarmes, qui vient de prendre le pouls de l'homme abattu, annonce qu'il est mort.

On le démenotte et on le fouille. On trouve un canif dans une poche du pantalon de jogging. Certes la lame fait à peine la longueur d'une paume de main, mais les voyageurs sont connus pour la manier avec dextérité. L'individu les aura agressés. Il aura tenté de frapper l'un d'eux. Forcément au niveau du cou car c'est la seule partie non protégée par la tenue d'assaut. On traîne le corps du fond de la resserre vers l'entrée du local puisqu'il est censé s'être jeté sur eux. On dispose méticuleusement le couteau, ouvert, près de sa main tendue. Que l'homme les ait attaqués avec une lame ne suffit cependant pas, car ils avaient certainement d'autres moyens que des armes à feu pour le maîtriser. Il faut montrer que tout a été fait pour éviter d'en venir à cette extrémité. Les Taser. Sur le coup, les deux gendarmes qui en étaient porteurs n'ont bien sûr pas eu le temps de s'en servir puisqu'ils tenaient à la main leur pistolet semi-automatique quand l'individu a été découvert et que leurs collègues ont tiré. Mais s'ils l'avaient fait, alors on aurait pu dire que ce dernier avait résisté aux électrochocs et arraché ses fils. Une réaction certes peu plausible mais pas totalement impossible. Il paraît qu'on a déjà vu des cas comme ça. On ôte le tee-shirt ensanglanté. Deux décharges de pistolet à impulsion électrique secouent successivement ses flancs nus sur lesquels se fichent trois des quatre aiguillons. Pour ce qui est des sommations avant de tirer, si les événements se sont déroulés dans un laps de temps si bref et dans un espace si confiné face à un danger imminent, on affirmera qu'elles étaient impossibles. En revanche, on expliquera qu'on a demandé à l'homme de jeter son arme avant qu'il ne se précipite vers eux.

Le récit prend forme. Il s'est avancé. Les deux gendarmes les plus proches de lui ont vu qu'il tenait un couteau dans la main. Malgré les injonctions de le lâcher et les décharges électriques pour le contenir, il s'est jeté sur l'un d'eux pour le frapper, obligeant le second adjudant à tirer pour protéger son collègue. L'individu s'est alors retourné vers le tireur et lui a asséné un coup qui l'a projeté en arrière. Les voyant blessés et se sachant à son tour menacé, le premier adjudant a dû lui aussi faire feu pour maîtriser le forcené, qui s'est enfin effondré. La violence de la confrontation, et notamment du coup qui a fait basculer le premier tireur, est attestée par son évacuation hors de la remise. Deux militaires le portent en effet à l'extérieur, l'allongent dans la cour et lui ôtent son gilet pare-balles.

Les membres de la famille ont assisté à la scène comme depuis les coulisses. Les gendarmes s'introduisant dans le cabanon. Quelques secondes de silence ponctuées de quelques heurts d'objets. Les tirs en rafale. La plainte à peine audible. Puis à nouveau le silence. Ou presque, car ce sont maintenant des chuchotements à l'intérieur du local. La concertation entre les gendarmes dure. Elle leur semble interminable. Ils crient qu'on a tué Angelo. Ils voient des militaires qui entrent et sortent, l'un d'eux portant un tissu taché de sang, deux autres transportant un de leurs collègues. Ils essaient de savoir, ils interrogent. On ne leur répond pas. Mais ils devinent. Ils hurlent leur détresse et pourtant veulent encore espérer. Les hommes sont toujours à plat ventre sur le ciment de la terrasse. Les femmes sont maintenant assises sur les marches d'une caravane. Les hommes du GIGN les dominent, terrifiants dans leur tenue d'assaut qui ne laisse deviner que leurs yeux. En voyant le ballet des gendarmes, l'agitation qui règne dans local, les conciliabules qui se tiennent, les proches d'Angelo comprennent que quelque chose se trame dans la resserre.

Dans la cour, les gendarmes se sont rassemblés. Le premier adjudant, persuadé qu'il est l'auteur du tir mortel, est encore sous le choc. Le second adjudant s'est, lui, plus vite remis de ses émotions. Le débriefing élargi à l'ensemble du groupement permet de partager la version des faits et de la mettre au point, notamment pour que ceux qui étaient dehors puissent témoigner, en fonction de leur éloignement, de ce qu'ils ont vu et surtout entendu. Les bruits de bagarre et les injonctions des gendarmes. Il est important que la fouille de la remise n'ait pas été décidée après avoir entendu quelque chose tomber car cela impliquerait qu'on ait pu se douter de la présence de l'objectif et donc qu'on ait dû adapter la tactique d'intervention, par exemple en négociant sa sortie, voire en lançant une grenade, d'autant que le second adjudant disposait d'un masque à gaz qui laisse à penser qu'il s'agissait d'une option possible dès lors que l'objectif était découvert. Si l'exploration a été réalisée à titre systématique, le caractère inopiné de la rencontre et l'issue inévitable du drame s'imposent plus aisément.

Ce travail collectif de consolidation du récit des faits n'empêche pas quelques fuites inopportunes, comme auprès du médecin urgentiste venu constater le décès auquel on a tout de même su faire comprendre combien sa discrétion serait appréciée. Il n'évite pas non plus quelques discordances dommageables, comme lors des auditions de l'enquête de flagrance quand l'auteur du tir réputé mortel, visiblement très ému par la perspective des conséquences de son geste, a répété qu'il ne l'avait pas entendu crier, alors qu'il était décrit par son collègue comme rugissant furieusement, et qu'il n'avait pas vu le couteau, que pourtant l'homme était censé brandir au-dessus de lui au moment où il a fait feu. Il y a aussi des improvisations regrettables, entre autres de ces gendarmes qui, pensant donner une apparence plus réaliste à leur récit, décrivent, non sans inventivité, qui une posture de boxeur, qui une mêlée de rugby, qui encore une lutte au sol pour arracher à l'homme son couteau. Plus ennuyeux, un écart apparaît entre les déclarations des gendarmes le soir du drame et les constatations de l'autopsie le lendemain. Les militaires assurent que l'homme se tenait debout devant eux, menaçant, et les deux adjudants affirment avoir été face à lui, à sa hauteur, lorsqu'ils ont fait feu. Or, les trajectoires des cinq balles sont nettement dirigées du haut vers le bas avec pour quatre d'entre elles un point d'entrée dans la partie supérieure du thorax. La remise en situation en présence des protagonistes complétée par une assistance balistique permet cependant de gommer en partie cette dissonance, puisque le rapport correspondant précise cette fois que les projectiles ne progressent que légèrement du haut vers le bas. Cet infléchissement des conclusions de l'expertise initiale devrait être suffisant pour faire coïncider sur le papier les récits et les faits dans le cadre de l'enquête.

Malgré ces complications, la version finalement établie semble convaincre, ou tout au moins satisfaire, les enquêteurs de l'Inspection générale de la gendarmerie nationale et le procureur de la République. Ce qui est en jeu dans la reconnaissance de la légitime défense, tous l'ont compris, ce n'est pas seulement le probable non-lieu dont espèrent bénéficier les deux auteurs des coups de feu mortels, c'est aussi, comme à chaque fois que de tels accidents se produisent, la protection de l'autorité morale des forces de l'ordre. Et ce de deux façons. D'abord, admettre qu'Angelo ne s'est pas défendu avec une arme et livré à une agression contre les gendarmes malgré leurs avertissements, mais qu'il a été abattu sans avoir eu le temps même de se redresser serait mettre en cause les versions des cinq militaires témoins directs des faits, ainsi que d'autres, y compris officiers, témoins indirects qui ont assuré avoir entendu les bruits de bagarre, les cris indistincts, les injonctions. Ensuite, convenir que l'utilisation de la force avait été disproportionnée, et même injustifiée au regard du passé délinquant d'Angelo, non seulement dans la remise où huit balles avaient été tirées en visant le thorax d'un homme seul sans défense, mais également dans la décision même de recourir à une unité d'assaut dans cette circonstance, aurait été mettre à mal le fonctionnement du fleuron de la gendarmerie nationale. En somme, s'il n'était pas avéré que l'homme dans la resserre ait attaqué les gendarmes, la forfaiture des mensonges sous serment aurait redoublé la violation des règles d'engagement. Le récit présenté par les militaires et repris par la justice sauve l'honneur de l'institution.

Que s'est-il donc passé lors de la dernière journée de la vie d'Angelo et comment en est-on arrivé à ce dénouement tragique ? La justice a tranché. Elle a produit sa version des faits. On l'appelle vérité judiciaire. Mais en s'appuyant sur les mêmes documents que ceux utilisés par les magistrats, une autre lecture des mêmes faits s'est avérée concevable. Elle a supposé de prendre au sérieux tous les témoignages, d'examiner toutes les expertises, de ne pas minimiser les incohérences, de ne pas occulter les contradictions. Il s'est donc agi d'imaginer ce qu'une analyse sans enjeu autre que de savoir et de comprendre permettait d'établir raisonnablement. En ce sens, on peut assurément dire que ce récit n'est qu'une interprétation des documents oraux et écrits disponibles. Mais la version établie par la justice n'en est-elle pas une aussi ? Une différence de taille étant que cette interprétation est considérée comme vraie parce qu'elle est sanctionnée par une décision judiciaire. On oublie cependant que le récit ainsi élaboré résulte toujours d'une construction intellectuelle. On oublie également que cette construction s'inscrit dans un champ de forces entre des institutions et en leur sein même. C'est l'autre différence de taille avec la proposition faite ici, sur laquelle ne pèsent pas ces contraintes.

La version officielle a sur toutes les autres possibles l'immense avantage de son caractère performatif. En disant le droit, elle est censée dire le vrai. Elle s'impose à tous comme la seule autorisée. Mais cette légitimité n'implique pas que ce soit celle qui résiste le mieux à l'épreuve du réel. La vérité judiciaire ne délivre pas nécessairement le récit qui sonne le plus juste. Elle n'exclut pas la recherche d'une autre vérité. Qualifions-la d'ethnographique.

Épilogue

> « Comme un chien ! » dit-il, c'était comme si la honte devait lui survivre.
>
> Franz Kafka, *Le Procès*

Angelo ouvre un œil. Consulte sa montre. Sept heures. Le soleil n'est pas encore levé mais, à travers le pare-brise, les premières lueurs du jour révèlent un ciel sans nuages. Belle journée en perspective. Il ouvre son sac de couchage. Il remarque que le temps est moins frais que les jours précédents. Le printemps arrive. Il réveille son fils qui s'étire. Les sièges de la voiture ne sont pas très confortables mais depuis le temps ils s'y sont habitués. Il les redresse et range ses affaires de nuit. Il enfile son pantalon de jogging noir par-dessus le blanc, met son tee-shirt, chausse ses tennis. Il regarde son fils, lui aussi en train de s'habiller. Il s'examine dans le rétroviseur, frotte son visage un peu froissé et se coiffe avec les doigts. Il n'a rien à manger. Il n'a pas d'argent. Comme chaque fois qu'il a les poches vides, il va devoir se faire inviter pour le café. Il prend son comprimé de Subutex, son médicament de substitution, et le glisse sous sa langue. Il attend quelques minutes qu'il soit entièrement dissous. Puis il met de la musique et fait démarrer le moteur. Le véhicule sort lentement du chemin bordé d'arbres, rejoint la route départementale et se dirige vers la maison de ses parents. Il ne leur a pas souvent rendu visite depuis six mois qu'il est dehors.

La voiture d'Angelo passe les dernières maisons du village et s'engage sur une voie étroite entre des champs en friche. Il aperçoit la silhouette accueillante de la ferme familiale. Il se gare dans un petit renfoncement près du corps de bâtiment qui borde le bitume. Au moment où il sort de son véhicule, sa sœur ouvre le portail. Elle se prépare à partir comme chaque jour pour son stage de retour à l'emploi. Elle lui explique la formation à laquelle elle s'est inscrite, les connaissances de base qu'elle reçoit, son espoir de trouver du travail à l'hôpital. Il la félicite pour ses projets. Il dit quelques mots aux enfants qui sont sur le point de partir à l'école, pour l'un, et à la garderie, pour les autres. Il les fait rire. Il entre dans la cour. Ses parents sont là, son jeune frère et sa belle-sœur aussi. Ils l'accueillent avec chaleur, se plaignent qu'il ne vienne pas les voir plus souvent, lui proposent de rester à manger une grillade avec eux car ils fêtent la sortie de prison de son cadet. On lui a mis un bracelet électronique. Il accepte mais dit qu'il a des choses à faire et reviendra vers midi. Au moment où il s'apprête à les quitter, son père le rappelle. Il lui tend un chapeau noir. Son chapeau. Angelo le lui a si souvent demandé. Il rayonne. Il le pose fièrement sur sa tête et reprend la route avec son fils. Il se rend chez sa fille aînée qui habite à une dizaine de kilomètres de là. Il lui dit qu'il va s'inscrire à Pôle emploi pour retrouver du travail. Il semble avoir un instant oublié qu'il était recherché pour évasion. Il reste un moment avec elle. Puis repart. Un peu plus loin, il s'arrête sur le bas-côté, éteint le moteur, roule une cigarette de cannabis et la fume en conversant avec son fils.

Il reprend le volant et se dirige à nouveau vers chez ses parents. Il stationne devant la maison. Son fils reste dans la voiture, écoutant de la musique. Lui franchit le portail, arborant le chapeau paternel. Il aperçoit sa mère qui lui dit que les hommes sont partis récupérer des papiers d'identité et acheter de la viande dans une ville voisine. Il va chercher le charbon de bois et allume le feu. Lorsque son père, son frère et son oncle reviennent, peu après, il est en train de s'activer autour du barbecue. Il laisse son frère et son oncle prendre le relais et rejoint son père dans le chalet. Il lui demande des nouvelles de sa santé, s'inquiétant de le voir mal respirer, le visage violacé, un tuyau vert dans le nez. Soudain, un grand bruit, des hommes cagoulés se précipitent dans la cour en hurlant des ordres. Le père s'est levé, il se tient devant la porte, il souffle à son fils d'aller se cacher dans la grange. Angelo se faufile derrière lui et disparaît dans la remise sur le côté de la maison.

Là, dans l'obscurité à laquelle ses yeux n'ont pas le temps de se familiariser, il cherche à tâtons son chemin au milieu de vieilles planches, de meubles relégués, d'accessoires usagés et de cartons de livres. Se déplaçant prudemment, il prend soin d'éviter le vélo appuyé contre la poutre centrale et l'obus d'oxygène de son père. Il se dissimule au fond de la pièce, derrière une caisse, sous une toile en plastique. Pendant tout le temps de la fouille bruyante et méthodique de la maison, il ne fait plus un geste. De sa retraite, il entend tout. Le tumulte des gendarmes dans la propriété familiale. Leurs vociférations pour faire taire ses parents. La plainte oppressée de son père réclamant en vain son traitement tandis qu'on lui intime de s'allonger sur le sol. Le refus obstiné de sa mère de répondre aux questions qu'on lui pose sur le lieu où est son fils. La porte de la maison de son oncle défoncée à coups de pied de l'autre côté de la cour. N'ignorant pas qu'il est la cause de cette punition collective infligée à sa famille, Angelo tremble de rage. Et aussi de la crainte qu'on ne le trouve.

Il retient son souffle. Recroquevillé dans la pénombre, il tend l'oreille. Il a maintenant l'impression que l'opération touche à sa fin. Dehors, les ordres lancés à l'adresse de ses parents ne retentissent plus. Les hommes du GIGN semblent s'être éloignés. Il perçoit seulement les bruits étouffés de leurs voix quelque part derrière la caravane. Ils ne l'auront pas trouvé. Son corps lui fait mal. Plus d'un quart d'heure qu'il se tient accroupi. Immobile. Jambes engourdies. La tête lui tourne. Il ne peut plus tenir. Il faut qu'il bouge un peu. C'est le moment. Le danger paraît écarté. Les recherches ont l'air d'avoir été interrompues. Il se redresse lentement, mais son épaule heurte un objet dont la chute résonne dans la resserre. Angelo se fige, étreint par la peur. Le son métallique l'a traversé de part en part. Les gendarmes l'auront-ils entendu ? Peut-être pas. Personne ne s'est précipité vers sa cache. À l'extérieur, tout est silencieux. Étrange silence, cependant. Les conversations des gendarmes dont il percevait les lointains échos se sont tues. De longues secondes s'écoulent. Rien ne se passe.

Soudain, la porte du local s'ébranle. Deux silhouettes émergent dans l'ouverture. Angelo s'est baissé à nouveau, s'efforçant tant bien que mal de reconstituer sa cachette improvisée contre le mur. La trouée de lumière l'aveugle. Tout juste devine-t-il les yeux perçant les orifices des cagoules sous les casques et reconnaît-il les armes lourdes portées en position de tir. Lui voit les deux hommes mais eux ne le discernent pas encore. D'autres silhouettes se dessinent dans l'encadrement. Avançant dans la pièce, les militaires butent sur des obstacles. Un faisceau lumineux balaie la petite pièce encombrée et s'arrête sur le recoin où il est tapi. Angelo comprend qu'il est découvert. Les deux gendarmes sont juste devant lui. Il veut se rendre. Il se dégage de la toile qui le recouvrait partiellement. Lève les mains et tente de se mettre debout. N'a le temps de rien dire. N'a pas même le temps de se redresser complètement. Une rafale puis une autre l'atteignent en pleine poitrine. Une dernière balle le touche à l'abdomen. Il tombe dans la poussière. Émet une brève plainte.

Il se rend compte qu'on lui passe des menottes dans le dos. Comme si c'était encore nécessaire. Dans la remise, des militaires entrent et sortent. Ils s'affairent en parlant à voix basse. Personne ne songe à effectuer des gestes de premiers secours. À ses côtés, un gendarme lui parle, mais il ne comprend pas ce qu'il lui dit. Le sang sourd de ses plaies, inonde son tee-shirt, se répand sur le sol. Une sensation de froid l'envahit. Dehors, pourtant, la fraîcheur du matin a fait place à une douce chaleur.

Temps idéal pour un barbecue. L'odeur de viande grillée flottait déjà dans l'air lorsque les gendarmes sont arrivés, interrompant ce rare moment de retrouvailles familiales.

Il pense à son fils. Au cours de ces dernières semaines de cavale, ils sont devenus inséparables. Comme cul et chemise, aime à dire sa mère. Il se demande si les militaires l'ont arrêté avant d'entrer dans la propriété tout à l'heure. Probablement. Ils ont dû le cueillir par surprise alors qu'il était sur son téléphone. À moins qu'il ne les ait vus à temps et qu'il ait pu s'enfuir. De toute façon, ce n'était pas après son fils qu'ils en avaient. C'était après lui. Mais pourquoi avoir ainsi employé les grands moyens en envoyant le GIGN ? Pourquoi ne pas avoir simplement dépêché les gendarmes de la commune voisine, comme ils l'ont fait pour son frère ? Sa pensée se trouble.

Un jour, tu verras, ils auront ta peau, l'avait prévenu son père un mois plus tôt. Les schmitts, ils te tueront. Tu ferais mieux de te rendre. Mais retourner en prison, non, c'était trop dur. Après toutes ces années, il supportait de moins en moins bien d'être enfermé. Et il y avait cette autre peine qui allait tomber. Elle serait longue cette fois. Et sûrement une autre encore pour ne pas être rentré de sa permission. À chaque passage devant le juge, la sentence s'alourdissait. Quand les gendarmes étaient venus prévenir ses parents que son frère devait se présenter au poste pour exécuter une peine d'emprisonnement, sa sœur lui avait suggéré d'aller avec lui et de rentrer finir la sienne.

Il avait hésité. S'il obtenait de l'administration pénitentiaire le rapprochement familial, ils pourraient, son frère et lui, se retrouver dans le même centre de détention. Mais sa peine à lui serait augmentée d'une nouvelle. De deux même. Il serait alors seul pendant plusieurs années. Et, il ne l'ignorait pas, les visites au parloir, il n'en aurait pas beaucoup. Ni de sa famille, ni de ses camarades, ni de ses anciennes compagnes. Alors, il avait renoncé. Et puis, il savait son père en mauvaise santé. Il voulait profiter à ses côtés du temps qui lui restait à vivre. Il ne voulait pas être en prison quand il s'en irait. Il se doutait qu'après ce qui s'était passé on ne lui redonnerait pas de permission de sortir pour l'enterrement. Non, décidément, il ne se rendrait pas.

Dans le local sombre, Angelo agonise. Seul. À quelques mètres de son père auquel il vient d'imposer malgré lui cette outrageante épreuve et dont il perçoit maintenant, assourdis, les cris de désespoir. Autour de son corps d'où la vie s'échappe, des gendarmes harnachés et casqués s'agitent et chuchotent. Leurs mouvements et leurs voix se font de plus en plus indistincts.

Le daron avait raison, pense Angelo. Les schmitts, ils m'ont eu.

Remerciements

Le projet de ce livre n'aurait pas été entrepris sans la collaboration de la famille d'Angelo. Je lui suis profondément reconnaissant pour la confiance qu'elle m'a accordée tout au long de mon travail et pour l'intégrité dont elle a fait preuve, malgré l'émotion que cette histoire continuait de susciter en son sein plus de deux ans après la tragédie. Je remercie également les autres personnes impliquées dans cette affaire, notamment dans le cadre de la mobilisation pour demander justice et vérité. Je sais gré aussi aux avocats et aux magistrats pour m'avoir apporté leur éclairage et leur compétence ainsi que leur regard sur la victime, sur les faits qui ont conduit à sa mort et sur la procédure judiciaire qui s'en est suivie, et particulièrement au procureur de la République pour m'avoir généreusement ouvert l'accès au dossier. Ayant fait le choix d'anonymiser les protagonistes et les lieux dans lesquels ils évoluent, je ne peux pas leur exprimer nommément ma gratitude. Qu'ils en soient cependant convaincus.

La recherche qui sous-tend l'ouvrage a bénéficié du soutien de la Fondation Nomis, dans le cadre d'un programme que j'ai conçu autour du thème de la crise. L'accueil chaleureux fait à ce projet atypique par Séverine Nikel, directrice éditoriale aux éditions du Seuil, alors même que pas une ligne n'en avait été écrite, a joué un rôle important dans ma décision de le mener à bien, nos discussions ultérieures m'ont conduit à clarifier mon positionnement, et sa relecture attentive et rigoureuse de plusieurs versions du manuscrit m'a été précieuse. Enfin, les conversations presque quotidiennes que j'ai eues avec Anne-Claire Defossez pendant tout le temps de la rédaction et ses commentaires sur le livre m'ont permis de résoudre nombre de problèmes auxquels je me trouvais confronté, de rectifier des fausses pistes sur lesquelles je m'engageais, d'atténuer les doutes qui obscurcissaient ma progression et, sans y parvenir, de tester les limites de sa patience.

Table

Du même auteur

Pouvoir et maladie en Afrique
Anthropologie sociale de la banlieue de Dakar
Presses universitaires de France, 1992

L'Espace politique de la santé
Essai de généalogie
Presses universitaires de France, 1996

Les Enjeux politiques de la santé
Études sénégalaises, équatoriennes et françaises
Karthala, 2000

Des maux indicibles
Sociologie des lieux d'écoute
La Découverte, 2004

Faire de la santé publique
Éditions de l'École des hautes études en santé publique, 2005

Quand les corps se souviennent
Expériences et politiques du sida en Afrique du Sud
La Découverte, 2006

L'Empire du traumatisme
Enquête sur la condition de victime
avec Richard Rechtman
Flammarion, 2007 ; « Champs Essais », 2011

La Raison humanitaire
Une histoire morale du temps présent
EHESS/Gallimard/Seuil, « Hautes Études », 2010
suivi de Signes des temps
« Points Essais », n° 839, 2018

La Force de l'ordre
Une anthropologie de la police des quartiers
Seuil, « La Couleurs des idées », 2011 ;
suivi de La Vie publique des livres
« Points Essais », n° 753, 2015

La Question morale
Une anthologie critique
avec Samuel Lézé
PUF, 2013

L'Ombre du monde
Une anthropologie de la condition carcérale
Seuil, « La Couleur des idées », 2015
suivi de Portrait de l'ethnographe en critique
« Points Essais », n° 810, 2017

Punir
Une passion contemporaine
Seuil, « Débats », 2017

Le Monde à l'épreuve de l'asile
Essai d'anthropologie critique
Société d'ethnologie,
« Conférence Eugène Fleischmann », 2017

La Vie
Mode d'emploi critique
Seuil, « La Couleur des idées », 2018

EN TANT QU'ÉDITEUR SCIENTIFIQUE

Santé publique
avec Gilles Brücker (éd.)
Ellipses, 1989

Sociétés, développement et santé
avec Yannick Jaffré (éd.)
Ellipses, 1990

Les Métiers de la santé
Enjeux de pouvoir et quête de légitimité
avec Pierre Aïach (éd.)
Anthropos, 1994

Les Lois de l'inhospitalité
Les politiques de l'immigration à l'épreuve des sans-papiers
avec Alain Morice et Catherine Quiminal (éd.)
La Découverte, 1997

Les Figures urbaines de la santé publique
Enquête sur des expériences locales
Didier Fassin (éd.)
La Découverte, 1998

Les Inégalités sociales de santé
avec Annette Leclerc, Hélène Grandjean,
Thierry Lang et Monique Kaminski (éd.)
La Découverte, 2000

Critique de la santé publique
Une approche anthropologique
avec Jean-Pierre Dozon (éd.)
Balland, 2001

Le Gouvernement des corps
avec Dominique Memmi (éd.)
Éditions de l'École des hautes études en sciences sociales, 2004

Afflictions
L'Afrique du Sud, de l'apartheid au sida
Didier Fassin (éd.)
Karthala, 2004

Les Constructions de l'intolérable
Études d'anthropologie et d'histoire sur les frontières de l'espace moral
avec Patrice Bourdelais (éd.)
La Découverte, 2005

De la question sociale à la question raciale ?
Représenter la société française
avec Éric Fassin (éd.)
La Découverte, 2007

Les Politiques de l'enquête
Épreuves ethnographiques
avec Alban Bensa (éd.)
La Découverte, 2008

Les Nouvelles Frontières de la société française
Didier Fassin (éd.)
La Découverte, 2010 ;
« La Découverte poche », 2012

Contemporary State of Emergency
The Politics of Military and Humanitarism Intervention
avec Mariella Pandolfi (éd.)
Zone Books, 2010

Santé publique
L'état des savoirs
avec Boris Hauray (éd.)
La Découverte, 2010

Économies morales contemporaines
avec Jean-Sébastien Eideliman (éd.)
La Découverte, 2012

Moral Anthropology
A Companion Volume
Didier Fassin (éd.)
Wiley-Blackwell, 2012

Juger, réprimer, accompagner
Essai sur la morale de l'État
Didier Fassin (éd.)
Seuil, 2013

La Question morale
Une anthologie critique
avec Samuel Lézé (éd.)
PUF, 2013

Writing the World of Policing
The Difference Ethnography Makes
Didier Fassin (éd.)
The University of Chicago Press, 2017

If Truth Be Told
The Politics of Public Ethnography
Didier Fassin (éd.)
Duke University Press, 2017

A Time for Critique
avec Bernard Harcourt (éd.)
Columbia University Press, 2019

Deepening Divides

How Physical Borders and Social Boundaries Delineates our World

Didier Fassin (éd.)

Pluto Press, 2020

Dans la même collection

(derniers titres parus)

Yannick Barthe
Les Retombées du passé
Le paradoxe de la victime

Jean Baubérot et Micheline Milot
Laïcités sans frontières

Antonio A. Casilli
Les Liaisons numériques
Vers une nouvelle sociabilité ?

En attendant les robots
Enquête sur le travail du clic

Pierre Cassou-Noguès
Lire le cerveau
Neuro-science fiction

Cornelius Castoriadis
Histoire et création
Textes philosophiques inédits (1945-1967)

Thucydide, la force et le droit
Ce qui fait la Grèce, 3

Bernard Chapais
Aux origines de la société humaine
Parenté et évolution

Françoise Choay
Le Patrimoine en questions
Anthologie pour un combat

Yves Citton
Pour une écologie de l'attention

Médiarchie

Guillaume Cuchet
Comment notre monde a cessé d'être chrétien
Anatomie d'un effondrement

Mireille Delmas-Marty
Les Forces imaginantes du droit IV
Vers une communauté de valeurs

Libertés et sûreté dans un monde dangereux

Douwe Draaisma
Quand l'esprit s'égare

Paul Dumouchel et Luisa Damiano
Vivre avec les robots
Essai sur l'empathie artificielle

Jean-Louis Fabiani
Pierre Bourdieu
Un structuralisme héroïque

Didier Fassin
La Force de l'ordre
Une anthropologie de la police des quartiers

L'Ombre du monde
Une anthropologie de la condition carcérale

La Vie
Mode d'emploi critique

Geneviève Fraisse
La Suite de l'histoire
Actrices, créatrices

Eric Geoffroy
L'Islam sera spirituel ou ne sera plus

Pierre Gibert
L'Inconnue du commencement

Mélanie Gourarier
Alpha mâle
Séduire les femmes pour s'apprécier entre hommes

Florent Guénard
La Démocratie universelle
Philosophie d'un modèle politique

Dominique Guillo
Les Fondements oubliés de la culture
Une approche écologique

Eva Illouz
Pourquoi l'amour fait mal
L'expérience amoureuse dans la modernité

Philippe d'Iribarne
L'Épreuve des différences
L'expérience d'une entreprise mondiale

Les Immigrés de la République
Impasses du multiculturalisme

Vincent Kaufmann
La Faute à Mallarmé
L'aventure de la théorie littéraire

Mondher Kilani
Du goût de l'autre
Fragments d'un discours cannibale

Justine Lacroix et Jean-Yves Pranchère
Le Procès des droits de l'homme
Généalogie du scepticisme démocratique

Céline Lafontaine
Le Corps-marché
La marchandisation de la vie humaine à l'ère de la bioéconomie

Bernard Lahire
Monde pluriel
Penser l'unité des sciences sociales

Michel Lallement
L'Âge du faire
Hacking, travail, anarchie

Un désir d'égalité
Vivre et travailler dans des communautés utopiques

Guillaume le Blanc
Dedans, dehors
La condition d'étranger

Mark Lilla
Le Dieu mort-né
La religion, la politique et l'Occident moderne

Gilles Lipovetsky et Jean Serroy
L'Écran global

Michel Lussault
L'Avènement du monde

Hyper-lieux
Les nouvelles géographies de la mondialisation

Éric Macé
L'Après-patriarcat

Gabriel Martinez-Gros
Brève Histoire des empires
Comment ils surgissent, comment ils s'effondrent

Nadia Marzouki
L'Islam, une religion américaine ?

Abdelwahab Meddeb
Pari de civilisation

Contre-prêches, vol. 2
Le temps des inconciliables

Dominique Memmi
La Revanche de la chair
Essai sur les nouveaux supports de l'identité

José Morel Cinq-Mars
Du côté de chez soi
Défendre l'intime, défier la transparence

André Orléan
L'Empire de la valeur

Dominique Pestre
À contre-science
Politiques et savoirs des sociétés contemporaines

Myriam Revault d'Allonnes
La Crise sans fin
Essai sur l'expérience moderne du temps

Le Miroir et la Scène
Ce que peut la représentation politique

La Faiblesse du vrai
Ce que la post-vérité fait à notre monde commun

Paul Ricœur

Écrits et Conférences I
Autour de la psychanalyse

Écrits et Conférences II
Herméneutique

Écrits et Conférences III
Anthropologie philosophique

Écrits et Conférences IV
Politique, économie et société

Être, Essence et Substance chez Platon et Aristote
Cours professé à l'université de Strasbourg en 1953-1954

Philosophie, éthique et politique
Entretiens et dialogues

Olivier Roy

La Sainte Ignorance
Le temps de la religion sans culture

Oliver Sacks

L'Œil de l'esprit

L'Odeur du si bémol
L'univers des hallucinations

En mouvement
Une vie

Le Fleuve de la conscience

Abdelmalek Sayad

L'École et les Enfants de l'immigration
Essais critiques

Alain Touraine

Après la crise

La Fin des sociétés

Nous, sujets humains

Défense de la modernité

Francisco Varela
Le Cercle créateur
Écrits (1976-2001)

Alain Viala
La Galanterie
Une mythologie française

RÉALISATION : NORD COMPO À VILLENEUVE-D'ASCQ
ACHEVÉ D'IMPRIMER SUR ROTO-PAGE
PAR L'IMPRIMERIE FLOCH, À MAYENNE
DÉPÔT LÉGAL : MARS 2020. N° 145077 (95872)
Imprimé en France